傾聴の心理学

PCAをまなぶ

- カウンセリング
- フォーカシング
- エンカウンター・グループ

坂中正義
（編著）

田村隆一
松本　剛
岡村達也
（著）

創元社

装丁　長井究衡
装画　おがわさとし

プロローグ

　パーソンセンタード・アプローチと"傾聴"の理解を深めていただくことをねらいとした本書を手にとって頂きありがとうございます。

　「人にやさしい社会」「共生社会」といったスローガンが世のなかにあふれています。これらは「人間尊重」といった価値が多くの人に共有されていることを表していると同時に、これらをスローガンに掲げたくなるほどその実現はむずかしいといったことも表しているといえるでしょう。
　人間尊重といった価値を実現していくには、そのベースとして、一人ひとりの"こころの声"に耳を傾ける必要があります。そして、この人間尊重というありようを探究し続けている心理学が人間性心理学であり、なかでも"傾聴"の重要性を主張してきたのが《パーソンセンタード・アプローチ PCA》といえます。
　PCAとは、心理学者ロジャーズの理論を背景とした「一人ひとりを大切にする」人間尊重の考え方や実践の総称です。ロジャーズは、非指示的カウンセリング、クライエント中心療法といったカウンセリング・心理療法を展開した人物ですが、そこにとどまらず、対人援助はもとより、コミュニティや社会の在り方についても人間尊重の実践を展開していきました。

　そもそも"きく"という営みは"はなす"という営みに比べて主題になりにくいところがあります。「話すのが苦手」という表現に出会うことは多々ありますが、「聴くのが苦手」とあえて表現されることはあまりありません。「話し方」「自己表現」「プレゼンテーション」の質を高める

というニーズに比べると「聴き方」については後述するような分野以外ではあまりききません。

　"きく"は、"はなす"よりも無自覚におこなっている行為でもありますから、そのことの意味はみえにくいでしょう。でも、人が"はなす"のは"ききて"がいればこそです。"きく"は脇役ですが、脇役のいない芝居は成立しません。

　脇役である"きく"ことの意味が"傾聴"として注目されるようになった背景には、カウンセリング・心理療法の貢献があることは間違いないでしょう。カウンセリング・心理療法での主役はクライエントだと明確に位置づけたのが、PCAの前身である《クライエント中心療法》です。カウンセリングという舞台で主役がいきるようにカウンセラーは脇役になる必要があります。しかも、主役を活かす名脇役となるには、多くの日常がそうであるように漫然と"きく"のではなく、話し手のこころの声にしっかり耳を傾けるまでに"きく"の質を高める必要があります。この質の高い"きく"が"傾聴"です。日常では問われることが少ない"きく"を主題とし、"傾聴"まで結晶化したのが、カウンセリング・心理療法です。

　こころの援助の極みがカウンセリング・心理療法なら、こころの援助一般においてもそのエッセンスは重視されます。こうして"傾聴"は、心理臨床においては当然として、教育・福祉・医療・司法などの対人援助職のみならず、それらを支えるボランティアの基本的姿勢として位置づけられてきました。日常生活においても、さまざまな援助の場面が存在し、そんなときにも"傾聴"は意識されるようになってきました。また、対人援助という文脈にとどまらず、相互理解が求められるようなシーンでも"傾聴"の重要性は理解されるようにもなりましたし、一見"傾聴"とは関係なさそうな、ビジネス書にも"傾聴"の重要性が説かれ

ていたりもします。このように「人との関わりにおいては"傾聴"が大切だ」という認識が広く共有されていることは、PCAの研究者・実践者にとってはありがたいことです。

　しかし、ある考え方や実践の重要性が高まり、普及しはじめると、たいてい、社会にあうように概念が変換され、誤解が生じます。"傾聴"も例外ではありません。
　「まずは傾聴したのち、アドバイスしましょう」「訴えが多いので、とりあえず傾聴しておきました」などの表現に出会うことがあります。いずれも傾聴が、別の目的のための手段・技法として捉えられています。方便としての説明だろうと思うこともあれば、"傾聴"を生業とするカウンセラーが事例発表などで真顔でこのように表現することもあり、違和感を覚えることも多々あります。
　相手が言葉として明確に表現したもののみに耳を傾けるのも"傾聴"とはほど遠いありようです。人の思いは必ずしも本人が明確に感じているものだけではありません。まだ言葉になっていない曖昧だけど確かに感じていること、かすかな声も含めてその人の思いです。それらを含めてその人のメッセージを丁寧に聴いていくのが"傾聴"です。
　また"傾聴"は、話し手に対してだけでなく、聴き手自身に対しても必要な姿勢です。話し手に耳を傾けつつ、聴き手自身の内なる声にも耳を傾ける。それにより自身の姿勢を整え、相手の理解を深めていくことが可能になります。この「自身への傾聴」という側面もあまり理解されていません。
　私は、カウンセリングの授業や研修会などで"傾聴"について、「聴」の漢字を用いて、その漢字を構成している「耳」「目」「心」「十」という要素から「耳と目と心で十分にきく」と説明します。聴き手が自身の存在

を傾けて話し手の存在の理解のために聴くという営みが"傾聴"です。傾聴は「相手の意向確認の手続きをとる」「合間合間に相づちをうつ」「相手の言ったことを繰り返す」といったやり方ではなく、人間尊重の姿勢や態度に裏打ちされたあり方なのです。

　"傾聴"を支える「一致」「無条件の積極的関心」「共感的理解」といったあり方を明確化し、そのあり方から対人援助論や人間関係論を展開・実践したのがロジャーズであり、パーソンセンタード・アプローチPCAです。つまり、PCAにもとづいた具体的な関わりが"傾聴"であり、両者は表裏一体のものといえます。

　パーソンセンタードという発想は、ずいぶん社会に受け入れられるようになってきました。消費者のニーズを重視する、当事者や患者の声に耳を傾けるといった姿勢は、パーソンセンタードという発想と親和的ですが、このような姿勢が重視されるようになったのはそんなに古いことではありません。

　昨今、心理臨床の領域では、「臨床心理士」の着実な定着とともに、心理援助に関わる国家資格としての「公認心理師」が整備されつつあります。また教育界では、アクティブラーニングといった「学習者中心」の教育がトピックスとなっています。前述のようにさまざまなシーンで"傾聴"の重要性が叫ばれているという状況もあり、その基礎理論といえるPCAの学習の重要性は、ますます高まっているといえます。

　心理学や教育学を多少なりとも学んだ人ならば、ロジャーズを知らない人はいないでしょう。しかし、そういった人でも"傾聴"やPCAの理解は、表層的な理解にとどまっていることが多いようです。前述した"傾聴"の誤解はそのいい例ですし、PCAがカウンセリングにとどまらない拡がりをもったものであるということについては、表層的にですら

理解されてない感触があります。

　ただ、このことの責任の一端はロジャーズ研究者や出版業界にもあると考えています。関連領域の書籍は割とコンスタントに出版されているのですが、いずれも専門性の高い書籍で、初学者向けではありません。良質な入門書も二、三、存在するのですが、メインターゲットが心理臨床を専攻する大学院生レベルであったり、内容がカウンセリングや心理療法にとどまり、PCAという射程での紹介は必ずしも十分ではありません。加えて、訳書のうち『ロジャーズ主要著作集』や『ロジャーズ選集』といった専門性の高いものは流通してますが、PCAの教科書的な位置づけとしてよく読まれていた『人間尊重の心理学』や『エンカウンター・グループ』などは現在入手困難な状態にあります。

******　　　******　　　******

　このような状況において私に出来ることは、初学者向けの入門書の刊行ではないかと考えました。

　読者にとっては、おそらく当たり前の言葉になっている"傾聴"を、少し立ち止まって丁寧に考えてもらう。そんななかで、やり方としての傾聴ではなく、読者自身とってのあり方としての"傾聴"を育てたい。単なる知識としてではない、パーソンセンタード・アプローチ PCA の本質というべき、あり方レベルの理解を少しでも促したい。そんなきっかけとなる本を作りたい。これらが本書のねらいであり、ねがいです。

　執筆にあたっては、メインターゲットを大学学部生あたりとし、PCAの全貌を、図表やキーワードを明示しながらわかりやすく伝えること、一方で、わかりやすさのために内容の質が犠牲にならないことをこころがけました。

序章では、ロジャーズの生涯を紹介しています。
　第1章はPCAの概要です。その理論的展開と基本仮説を中心に解説しています。
　第2章は、クライエント中心療法として有名な、PCAにおけるカウンセリングや心理療法としての《パーソンセンタード・カウンセリング》について解説しています。
　第3章はジェンドリンの体験過程理論や《フォーカシング》を中心に、従来「体験過程療法」とよばれ、独自の発展を遂げている《フォーカシング指向心理療法》まで射程にいれ、解説しています。
　第4章では、PCAの実践として重要なプログラムである《エンカウンター・グループ》について解説しています。
　第5章では、さまざまな領域におけるPCAの実践について解説しています。
　第6章には、PCAを学ぶうえで特に初学者にこころがけてほしいことをまとめました。
　本文は出来るだけ基本事項に徹し、発展的内容や関連事項の紹介はコラムにまとめました。

　なお、本書では「カウンセリング」と「心理療法」は、ともに心理援助をさす言葉として区別せずに使っています。しかし、この二つを同じものの捉えるのか、違うものと捉えるかについてはいくつかの立場があります。この問題に本書では深入りしませんが、この領域の文献を読む際には少し意識していた方がいいかもしれないポイントでしょう。

　　　　　　＊＊＊＊＊＊　　＊＊＊＊＊＊　　＊＊＊＊＊＊

プロローグ

　心理臨床、教育、医療、福祉、司法といった領域での対人援助専門職やボランティアといったことに興味を持っている人は言うに及ばず、日常における人間関係における自己理解・他者理解、相互理解、関係の改善に関心のある方にとっても、本書は「人間尊重」的なあり方や関係とは一体どういうことなのか？ "傾聴"の本質的な意味とは？ といったことについて考えるきっかけになると思っています。一人でも多くの読者がそれらについて深めていただくこと、それが、スローガンで終わらない「人間の尊重」につながるのだろうと考えています。

　誰でも日頃やっていることとして料理があります。おなじ料理なら、おいしくて健康的な料理の方がいいですね。目立たないけれど大事な"傾聴"、脇役でもバイプレーヤーを目指したい……"傾聴"にはそんなイメージがあります。

　最後になりましたが、出版に快く賛同してただいた創元社に感謝します。そして、本書のコンセプトから共にアイデアを出し合い、執筆のプロセスやデザインまで細かくご配慮いただいた、心理企画室の津田敏之さんに厚く御礼申しあげます。ちなみに創元社は、1951年に本邦初のロジャーズの翻訳書を刊行した出版社です。

　それでは……"傾聴"とパーソンセンタード・アプローチの世界へ、出発進行！

坂中 正義

目次

プロローグ

序章 ロジャーズ——人生の軌道と分岐点　11

〈コラム1〉日本への導入　21
〈コラム2〉グロリアと3人のセラピスト　25

第1章 パーソンセンタード・アプローチとは　27

理論的展開　30
実現傾向と必要十分条件　40
人間性心理学　52

〈コラム3〉プリセラピー　45
〈コラム4〉プレゼンス　53

第2章 パーソンセンタード・カウンセリング　55

パーソナリティ論　58
援助論　62
プロセス論　73
位置づけと意義　77

〈コラム5〉パーソンセンタード精神病理学　63
〈コラム6〉パーソンセンタード・セラピーのエビデンス　78

第3章 体験過程理論とフォーカシング　83

カウンセリングが成功するとき　86
体験過程理論　87
フォーカシング　97
フォーカシング指向心理療法　103

〈コラム7〉体験過程スケール　88
〈コラム8〉クリアリング・ア・スペース　104

第4章 エンカウンター・グループ　　109

　エンカウンター・グループとは　112
　テツロウさんの体験　117
　ファシリテーション　123
　グループプロセス　129
　個人プロセス　136
　位置づけと意義　139

　〈コラム9〉構成的エンカウンター・グループ　116
　〈コラム10〉出会いへの道　124
　〈コラム11〉Encounter Groups: First Facts　140

第5章 アプローチとしての展開　　143

　子どもたち・家族へのアプローチ　146
　学校教育へのアプローチ　151
　組織へのアプローチ　157
　医療・福祉領域へのアプローチ　159
　コミュニティへのアプローチ　160
　多文化理解・国際平和へのアプローチ　163
　スピリチュアリティ　165
　ファシリテーター研修　166

　〈コラム12〉アスピー尺度　154
　〈コラム13〉からだの感じを言葉にする実習　156

第6章 パーソンセンタード・アプローチをまなぶ　　169

　なにをではなく、いかにまなぶか　172
　まなぶプロセスを意識する　176

　エピローグ
　読書案内　　引用・参考文献　　索引

序章

ロジャーズ
──人生の軌道と分岐点──

（坂中正義）

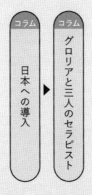

コラム　日本への導入

コラム　グロリアと三人のセラピスト

人が道を選ぶとき、その人のそれまでの歩みの影響を受けます。経験から紡がれた理論は、その人の歩みを象徴的に表現しています。人の成長に関わる理論は、その理論の提唱者の成長の歩みと不可分です。この視点から理論について考えてみると、いままでと見え方が変わってきます。そんな意味合いも込めて、この章では、パーソンセンタード・アプローチの提唱者であるロジャーズという人を駆け足で紹介します。

　次章以降、理論について学んでいきますが、折に触れ、この章に立ち返ってみてください。彼にとっての理論の必然性が浮かび上がってくるのではないかと思います。

　このように読むことは、事例（この場合、ロジャーズは事例といえます）を理解する自分なりの視点を育てるとともに、実践者にとっての理論の意味を考えることになります。特に後者に関しては、読者自身が実践者を目指しているわけですから、自身にとっての理論の意味を考えることにつながります。

C.R.ロジャーズ
〔坂中, 2006より〕

Keywords

カール・ロジャーズ　自身にとっての理論の意味

Keywords

まなびの軌道

高校時代まで　ロジャーズは1902年1月8日、シカゴ郊外のオーク・パークに生まれました。父母、兄2人、姉1人、弟2人の8人家族です。保守的なプロテスタントで、労働に重きを置き、近所づきあいはあまりしない家庭でした。

ロジャーズは弱々しく、内気、泣き虫、読書好きという性格でした。成績優秀でしたが、放課後、家庭で割り当てられた仕事のためにすぐ帰宅。友人は近所の幼なじみのヘレンくらいしかいませんでした。ヘレンとはのちに結婚します。

ロジャーズの高校入学後、一家は農場を買って農村部に移り住みます。これはこどもたちを都会生活の誘惑から遠ざけたいという両親の意図からでした。この頃の彼は、農場の手伝いとともに、必要な知識を読書で得、農場運営の一部も任されていました。趣味は蛾と昆虫の採集、バードウォッチングでした。

ウィスコンシン大学での学生時代　1919年、両親と兄姉が学んだウィスコンシン大学農学部に入学します。入学後は課外活動（YMCA）に力を注ぎ、キリスト教の研究や伝道に関心を持ち、徐々に牧師を志すようになります。そして、その進路に有利な歴史学に自身の力点を移してゆきます。

1922年、全米から選ばれて北京での国際キリスト教学生会議に参加。そのため、6ヵ月にわたる東洋への旅行（ハワイ、日本、朝鮮、中国、香港、フィリピン）を体験します。この体験を彼は「人生最大の経験」と述べています。この一行には、さまざまな背景をもった優秀な学生、学者、宗教界のリーダーがそろっており、彼らとの交流を通じて、宗教的にも、

政治的にも、急速に自由になってきました。これは、両親の宗教的立場からの自立を意味します。

　帰国後、十二指腸潰瘍で5週間入院し、1年間の休学を余儀なくされます。その間は実家で療養生活をおくっていますが、両親の保守的・伝統主義的体質とはますます折り合いがつかなくなります。なお、この間、ウィスコンシン大学の通信教育で心理学入門を受講しています。これが彼にとって、はじめての心理学との接触でした。

　復学後、宗教的な職に就くため、当時、もっともリベラルで宗教的活動のリーダー的役割を果たしていたニューヨークのユニオン神学校への進学を決め、1924年に歴史学の学士号をとって卒業します。同年夏の進学前、大学入学後から交際していた幼なじみのヘレンと結婚しました。

ニューヨークでの学生時代　1924年、ユニオン神学校に進学します。ここで、徐々に心理学へ興味を持ち始めます。また、学生たちによる自主的なセミナーに参加し、セミナーに対する疑問や個人的な問題をメンバーどおしでシェアするなかで相互信頼を発展させるという体験も持ちました。この体験が、二度目の進路変更のきっかけともなったようです。

　進学後2年目から、ユニオン神学校隣のコロンビア大学教育学部で臨床心理学などの授業を聴講するようになります。1926年には、ユニオン神学校を中退、コロンビア大学教育学部に移動、臨床心理学と教育心理学を専攻します。ここでは、統計などの科学的手法とともに、子どもへの臨床的接触について学びます。

　翌年、ニューヨーク市の児童相談所のインターンになって奨学金を得ます。ここでの臨床活動を軸に博士論文の準備をすすめます。1928年、コロンビア大学より修士号を受け、ニューヨーク州ロチェスターの児童虐待防止協会の児童研究部に心理学者として就職します。

しごとの分岐点

ロチェスター時代 ロチェスター児童虐待防止協会には12年間いました。この間、何千人もの子どもたちの診断・対策・面接の体験を持ちます。「このやり方は効果があるか」という実利主義的視点から自身の実践を検討し、既存の理論は絶対的なものではなく、援助者が自身の視点を被援助者に押しつけることは表面的で一時的な効果しか生じない、と考えるようになりました。ロジャーズが自身の考え方の契機となったと述べている有名な以下のケースと出会ったのも、この時期です。

乱暴な息子を持った母親との面接を重ねましたが、なかなか洞察には至りません。ロジャーズはこれ以上面接を続けても展開はむずかしいと考え、母親と話しあい、合意の上で中断することとしました。母親と握手をし、母親が面接室を出ようとしたとき、母親がふりかえり、『先生は、ここで大人のカウンセリングはなさらないのですか？』と問うてきます。『やってますよ』と答えると、母親は再び椅子に座り、結婚生活の問題、彼女自身が抱える失敗や混乱、絶望感を語りはじめました。そこからまさにカウンセリングがはじまり、彼女にとっても息子にとっても、面接は成功裏に終了しました。

ここから、彼は「何がその人を傷つけているのか、どの方向へいくべきか、何が重要な問題なのか、どんな経験が深く隠されているのか、などを知っているのはクライエント自身である」ということを強く意識するようになりました。この視点は、当時、彼が定期的にセミナーに出席していたオットー・ランクの関係療法でも重視されていることでもあり、自身の考えに自信を持ったようです。

1931年、コロンビア大学より博士号を受けます。博士論文は「9歳か

ら13歳の児童の人格適応の測定」でした。この論文をもとに1939年には『問題児の治療』を上梓します。

この書籍にはのちにロジャーズの中核三条件とよばれるものの萌芽として、セラピストの特性として客観性（受容と関心と深い理解を含む）、個人の尊重、自己理解があげられています。一方で、論文タイトルからもわかるように、援助のためのアセスメントにも力を入れたものでした。

オハイオ州立大学時代　1940年、オハイオ州立大学の心理学の臨床心理学の教授に赴任します。同年、これまでの自身の考え方をまとめ、ミネソタ大学で講演しました。彼は「このときがクライエント中心療法の誕生」と象徴的に述べています。

当時のカウンセリングの主流は指示的カウンセリングでした。その指示的カウンセリングのリーダーがミネソタ大学のウィリアムソンで、そこで非指示的カウンセリングの講演をしたのですから、そのインパクトはかなりのものでした。

この講演を契機に自身の考えを書籍にまとめることを決意、1942年に、《非指示的カウンセリング》時代（後述）の代表的書籍である『カウンセリングと心理療法』を刊行します。「患者」ではなく「クライエント」という用語を使うこともこの書籍によって一般的になりました。ロジャーズにとって「患者」という用語は、「患者は病んでいて自分では治せない人」「医者は患者より患者のことを知っていて、治せる人」という発想が前提にある指示的で、自身の《非指示的アプローチ》とは相容れないものでした。このように「クライエント」には、単に用語以上の意味が込められています。

また、この書籍にはハーバート・ブライアンのケースの逐語記録が掲載されています。これは、カウンセリングの実証的研究を重視する姿勢の

Keywords: オハイオ州立大学　非指示的カウンセリング　クライエント　『カウンセリングと心理療法』　ハーバート・ブライアン

Keywords
「指示-非指示」論争 シカゴ大学 『クライエント中心療法』

表れでもあり、カウンセリングにおける見える化の試みでもありました。

先の講演やこの書籍が契機となり、カウンセリングにおける「指示-非指示」論争が活性化しました。ソーン・スナイダー論争が有名です。

教育においても、独自の取り組みをおこなっており、スーパービジョン（大学教育への導入は当時画期的だったようです）や、非指示的（学生中心）な教育を実践しています。パーソンセンタード・アプローチ PCA という裾野の広い実践の萌芽が垣間見られます。この時期の学生に遊戯療法で有名なアクスラインや親業・教師学といったゴードン・メソッドの創始者となるゴードンがいました。

このように学生には恵まれていましたが、伝統的な心理学者は彼を好まず、大学では次第に孤立化していきます。

シカゴ大学時代 1945年、ロジャーズは心理学教授兼カウンセリング・センター所長としてシカゴ大学に移ります。ここでは毎週、7-10人のクライエントと面接、書籍や論文も精力的に執筆し、生涯でもっとも生産的な12年を過ごしました。

非指示的カウンセリングは有名になっていましたが、一方で、それが単純な技法として誤解されるという面もありました。そのようなことから、彼はカウンセラーの態度に主張の力点をおくようになり、自身の立場のラベリングとして「非指示的」という技法的ニュアンスの強い言葉から「クライエント中心」という言葉を使うようになりました。そして1951年に『クライエント中心療法』を出版します。

1946年から1947年に、アメリカ心理学会会長に就任しています。これは相当な激務のようでした。

1949年から1951年のあいだ、ロジャーズは統合失調症を抱えるクラ

イエントとの面接をきっかけに、心理的危機を体験します。クライエントは同僚の精神科医に任せ、2,3ヵ月逃亡し、戻ってからは同僚のセラピーを受け、自信を取り戻していきます。この経験が、〈一致〉というカウンセラーの態度条件につながっていきます。

　ロジャーズの実証的研究の志向性はカウンセリング・センターでも遺憾なく発揮され、統制群を用いたカウンセリングの効果研究を展開していきます。このような実績もあって、1956年にアメリカ心理学会から科学貢献賞が与えられました。1953年から1955年頃のミス・マンとの面接を映像として残しています。こういった記録を残すことも彼の実証的志向性によるものでしょう。

　1957年には彼の論文のなかでももっとも有名な「治療的人格変化のための必要十分条件」を発表します。

　センターではカウンセラー養成のためのカウンセリング・ワークショップを実施しています。これは参加者の自己理解を深める参加者中心のグループ体験を軸とするものでした。

　ロジャーズがこの時期おこなった有名なふたつの対話があります。ひとつは行動主義の研究者であるスキナー〔1956〕で、もうひとつは宗教哲学者のブーバー〔1957〕です。これらはロジャーズが自らの立場を広い文脈で検討するようになってきた象徴的な出来事といえるでしょう。

　ところで、彼はセンター所長でありながら、リーダーシップをスタッフで共有することを重視し、民主的な組織運営を心がけました。学生教育も前任校と同様、ロジャーズが教えるのではなく、学生とともにある学習者として関わっていくことを重視していました。

ウィスコンシン大学時代　1957年、ウィスコンシン大学心理学・精神医学併任教授に就任します。この大学は学部は違えど、彼の母校です。

Keywords　心理的危機　ミス・マン　治療的人格変化のための必要十分条件　ふたつの対話　ウィスコンシン大学

Keywords

ウィスコンシン・プロジェクト　ジェンドリン　体験過程理論　『自己実現への道』　西部行動科学研究所

　ここではウィスコンシン・プロジェクトとして精神科医と協力して統合失調症を抱える人との《クライエント中心療法》の実証研究に取り組みました。しかし、膨大な研究プロジェクトにも関わらず、研究者間の関係が芳しくなく、また、結果も実施群と統制群に有意な差が確認されなかったなど、明確な結果をえることができず、労多くして……でした。そのような状況を象徴しているかのように、研究結果の公刊は、彼がこの大学を去った後の1967年となっています。ただし、このプロジェクトがきっかけとなり、ジェンドリンの体験過程理論が展開したことや、キースラーやトルアックスによるカウンセラーの態度条件の測定法開発がすすんだことも忘れてはなりません。

　教育においても、彼の学生中心の教育は、大学スタッフの大半とは相容れないもので、対立も強かったようです。

　この時期のロジャーズは色んな意味で人間関係の苦労が絶えなかっただろうと推察されます。

　1957年にカルフォルニア州ラ・ホイアに西部行動科学研究所が創立され、彼は運営委員として関わっていましたが、大学のこのような状況への失望から、彼の気持ちは徐々に西部行動科学研究所に移っていきました。

　1961年『自己実現への道』が刊行されました。同年、ロジャーズは来日して、6週間にわたって全国5ヵ所でワークショップをおこなっています。1ヵ所で1週間程度、30-120名くらいまでのグループがあり、参加者も多彩だったようです【コラム1】。

あたらしい地平にむかって

西部行動科学研究所時代　　1964年にロジャーズは西部行動科学研究所

コラム1

日本への導入

　茨城キリスト教短期大学に、シカゴ大学時代のロジャーズの教え子であるローガン・フォックスがいました。フォックスからロジャーズの話をきき、感銘を受けた友田不二男は、1951年に『カウンセリングと心理療法』の翻訳を『臨床心理学』というタイトルで、本書と同じ出版社である創元社から上梓します。これがロジャーズの書籍の本邦初の翻訳です。この頃、正木正や伊東博、井村恒郎もロジャーズを書籍にて紹介しています。

　1955年、友田不二男、遠藤勉らが中心となって、フォックスの協力のもと、茨城県大甕でカウンセリング・ワークショップを実施しました。その後、55年から57年にかけて『カウンセリングと心理療法』『クライエント中心療法』を分収した『ロージァズ選書』全5巻が翻訳刊行されます。翻訳者は友田不二男、伊東博、堀淑昭、村瀬孝雄、佐治守夫です。

　この頃には日本のカウンセリング・心理療法業界で、ロジャーズ理論が浸透しはじめ、1961年に満を持してロジャーズが来日します。このワークショップが、さらなるロジャーズ理論の呼び水となりました。1966年から1972年にかけて、選集の翻訳者の他、畠瀬稔、村山正治が編集に加わり、『ロジャーズ全集』全23巻が発行されました。こうしてロジャーズ理論は、日本における業界の一大勢力として確固たる位置を占めるようになりました。

　　　　　　　　　　　　　　　　　　　　　　　　　　　（坂中正義）

の特別研究員となり、カリフォルニア州ラ・ホイアに移りました。ここでの彼の活動の中心はエンカウンター・グループEGです。グループ実践は以前より行っており、その有効性を実感していましたが、ここではそれが主題になりました。これまで関わることが少なかった「カウンセリングにやってこない普通の人々へのアプローチ」としてEGは有効と考え、多くのグループのファシリテーターとして実践を展開していきます。

1964年にはカウンセリングの記録映像として有名な『グロリアと3人のセラピスト』【コラム2】に関わります。

1967年にはロサンゼルスのイマキュレート・ハート・コミュニティにおいてEGと学習者中心の教育を融合させた教育実験プロジェクトが開始され、一定の成果をあげました。

1968年のEGの記録映画である『出会いへの道』【コラム10】へは、ファシリテーターとして参加しました。この映画はアカデミー賞長編記録映画部門で最優秀作品賞を受賞しました。

ただ、EGが有名になりすぎ、研究所に固定的なイメージがついたため、他の部門が不快に思うようになりました。1968年に約25名のスタッフとともに独立、ラ・ホイアに人間研究センターを設立します。

人間研究センター時代　人間研究センターでのロジャーズはパーソンセンタード・アプローチPCAを精力的に展開していきます。ファシリテーター養成を目的としたラホイヤ・プログラムが開始されます。これは当初、17日間の日程でおこなわれていました。

1969年には『創造への教育』を公刊し、学習者中心の教育について展開しました。

1970年には『エンカウンター・グループ』を刊行。同年、麻薬に関わった人たちのEGが『これが私の真実なんだ』として映像化されます。

序　章　ロジャーズ──人生の軌道と分岐点

　1972年には北アイルランド紛争をめぐる両派のメンバーからなるEGを実施、1973年に『鋼鉄のシャッター』として映像化されます。このような国際平和プロジェクトを、その後も精力的に継続していきます。

　1972年には、アメリカ心理学会の特別職業貢献賞を受賞しました。

　1975年からはEGを発展させ、PCAのワークショップを展開させ、以降、国内外で大規模ワークショップを実施します。

　1977年には『人間の潜在力』を刊行。家族関係、ジェンダー、教育などについて言及し、PCAを「静かな革命」とよびました。

　1980年には『人間尊重の心理学』を刊行。この書籍には、PCAのさまざまな論文が掲載されています。

　1982年には南アフリカ共和国で、人種差別解消をめざす黒人と白人のEGを実施しました。

　1983年に再来日、PCAのワークショップを実施しました。このときの記録は1985年に『カール・ロジャーズとともに』として刊行されています。

　1985年には中米の政治紛争中の13ヵ国の政府高官を含めたEGを、オーストリアのルストで実施しました。

　このように晩年は、国際平和への活動に精力的に展開し、1987年に2月4日に85歳で生涯を閉じました。実は1987年のノーベル平和賞候補になっていたという話もあるのですが、本人の知るところとはなりませんでした。

Keywords

パーソンセンタード・アプローチ　学習者中心の教育　大規模ワークショップ　静かな革命　再来日　国際平和

Table 0.1 ロジャーズ年表 (佐治・飯長編, 2011を一部修正)

年	出来事
1902	アメリカ合衆国／イリノイ州／オークパークに生まれる。
1919	ウィスコンシン大学に入学。初め農学を専攻、後に歴史学に移る。
1922	全米から選ばれて北京での国際キリスト教学生会議に。
1924	歴史学の学士号をとって卒業。ヘレンと結婚。 ニューヨーク市のユニオン神学校に進学。
1926	コロンビア大学教育学部に移り、臨床心理学と教育心理学を専攻。 同時に、ニューヨーク市の児童相談所のインターンになって奨学金を得る。
1928	コロンビア大学より修士号を受ける。 ロチェスターの児童虐待防止協会児童研究部に就職。
1931	コロンビア大学よりPh.D.を受ける。 博士論文「9歳から13歳の児童の人格適応の測定」
1939	『問題児の治療』刊行
1940	オハイオ州立大学教授 (心理学)
1941	アメリカ予防精神医学会副会長
1942	『カウンセリングと心理療法』刊行
1944	アメリカ応用心理学会会長
1945	シカゴ大学教授 (心理学) 兼、同大学カウンセリング・センター所長。
1946	アメリカ心理学会会長
1951	『クライエント中心療法』刊行
1954	『サイコセラピーとパーソナリティの変化』刊行
1957	ウィスコンシン大学教授 (心理学および精神医学)
1961	『自己実現への道』刊行。日本訪問。
1962	スタンフォード大学行動科学高等研究センター客員研究員
1964	西部行動科学研究所特別研究員
1967	『治療的関係とそのインパクト』刊行 イマキュレート・ハート・コミュニティでの教育実験開始
1968	人間研究センター創設。映画『出会いへの旅』作成に参加。
1969	『創造への教育』刊行
1970	『エンカウンター・グループ』刊行
1972	『結婚革命』刊行。 アイルランド紛争をめぐるエンカウンター・グループの試み。
1977	『人間の潜在力』刊行
1979	ヘレン死す。
1980	『人間尊重の心理学』刊行
1987	逝去。
2002	『静かなる革命』刊行 (1986年の口述による)

> コラム2

グロリアと3人のセラピスト
〜ロジャーズの面接を観よう！〜

　YouTubeでThree Approaches to Psychotherapyと入力！　グロリア Gloria〔1933-1979〕と、ロジャーズ、ゲシュタルト療法のパールズ Frederick Perls〔1893-1970〕、論理情動行動療法 REBTのエリス Albert Ellis〔1913-2007〕との面接の始まり、始まり〜。それぞれが面接のまえに自分の理論を説明し、面接後に振り返りをおこなっています。1965年公開。日本語吹き替え版のタイトルは『グロリアと3人のセラピスト』でした。

　ロジャーズとの面接はこう始まります。「離婚したばかりです。9歳の娘がいます。離婚してから他の男の人とセックスしたことがあるか聞かれ、嘘をついてしまいました。正直に話したら悪い影響があるでしょうか」。さて、あなたなら、どう応答しますか？

　面接には転移／逆転移の問題も見られます。ロジャーズの振り返りにはプレゼンスにつながる発言もあります。その後、グロリアはロジャーズのワークショップに参加して、初めてこのフィルムを観、面接直後には「パールズが今の自分に合う」と言っていたのに、嫌悪を表明します。ワークショップ後、亡くなるまでロジャーズと文通が続きます。エリスはみずからのこの面接を「失敗だ」と言います。面接末尾249語が伏せて公開されています。ここに出てくる娘、パミーによる『「グロリアと3人のセラピスト」とともに生きて』〔Burry, 2008〕もあります。話題に事欠きません。

　ともあれ、クライエント中心療法＝オウム返し療法という思いは払拭されるでしょう。でなければ、あなたは思い込みで観ているのでしょう。

　日本語字幕版には1955年に公開された『Miss Mun』【本書第2章】もあります。ロジャーズ初期における共感の強調として注目されます。YouTubeでは、他にも観ることができます！

（岡村達也）

第1章
パーソンセンタード・アプローチとは

（坂中正義）

理論的展開 ▶ 実現傾向と必要十分条件 ▶ コラム プリセラピー ▶ コラム プレゼンス ▶ 人間性心理学

パーソンセンタード・アプローチ PCA は、人間や人間関係の援助に関するある視点・仮説に依拠した実践をさします。「パーソンセンタード」は「人間中心」と訳されますが、ここに込められている意味は「人間尊重」です。言い換えれば人間尊重のアプローチです。

　PCA はクライエント中心療法（クライエントセンタード・セラピー）で有名な、ロジャーズが中心になって発展させました。こう述べると、カウンセリング・心理療法についての理論や実践と理解されがちですが、PCA はそこにとどまりません。

　確かに彼の実践や研究は、カウンセリング・心理療法の領域で積み重ねられましたので、PCA の基本的な視点・仮説は、そこに依拠しています。しかし彼は、そこで得られた知見を手がかりに、教育や組織、社会問題などにも実践を展開しました。そこでの対象は「クライエント」ではなく「パーソン」であり、「セラピー」に限定されない拡がりのあるものとして「アプローチ」という名称を用いるようになりました。

　PCA のなかに、心理療法・カウンセリングといった実践も含まれます。これらは人間の成長への援助といえます。しかし、人間の成長への援助はそれにとどまりません。先に述べた教育や組織も、人間の成長への援助といえます。また、心理療法・カウンセリングは、人が抱える葛藤を取り扱います。葛藤を抱えるクライエントを尊重し、丁寧に取り扱うことは、その人の成長につながります。社会問題や国際的緊張・紛争は、集団が抱える葛藤といえます。この葛藤を抱える集団そしてそのメンバーを尊重し、丁寧に取り扱うことは、その集団やメンバー成長につながります。

　PCA とは、カウンセリング・心理療法を重要なフィールドとしつつも、そこにとどまらない拡がりをもったものと理解してください。

Keywords

理論的展開

　序章ではロジャーズの歩みとともに、彼の実践が発展していったことを示しました。この章では実践の展開・発展の特徴に焦点を当てて紹介していきます。本章で紹介する展開が以降の章の導入となっています。ここで興味を持った実践の章にすすむといった読み方もおすすめです。

　彼の実践の展開・発展は「非指示的カウンセリング」「クライエント中心療法」「パーソンセンタード・アプローチ」とまとめることが出来ます。また、「クライエント中心療法」からジェンドリンが中心となって「フォーカシング指向心理療法」を展開しています。

非指示的カウンセリング

　1940年代がこの段階にあたります。代表的著作としては『カウンセリングと心理療法』でしょう。

　ロジャーズの発想は、彼の人となりをベースとしながらも、彼の心理療法の実践や研究のなかで育まれたものです。ゆえにロジャーズも、はじめから《非指示的カウンセリング》を実践をしていたわけではありません。

　当時のカウンセリングの主流は〈臨床的カウンセリング〉というもので、「1.資料収集と分析、2.総合(事例史やテストのプロフィール化)、3.診断(カウンセラーの結論)、4.予後の見通し、5.狭義のカウンセリング(以上に基づいた指示・支持・命令・誓約・訓戒・説得・アドバイス・訓練)、6.フォローアップ」といった手続きをとる指示的なものでした。当然彼も、このような訓練を受け、実践していましたが、うまくいかないケースも多

第1章 パーソンセンタード・アプローチとは

く、この方法への疑問を持ちます。

　この時期にめぐり会ったのが、序章のロチェスター時代に紹介した母親のケースです【本書16頁】。このケースに象徴される彼の着想が「人は自分の問題を自分で解決する力をもっている」で、次節で紹介する実現傾向です。

　彼は〈指示的カウンセリング〉に対して、「カウンセラーの発見したものが本当に問題なのか?」「効果があるのか?」「知的な説明が態度や感情を変化させるだろうか?」という問いを投げかけます。そして、この方法に潜む「カウンセラーはクライエントよりも優れており、クライエントは、自分の目標を選択するに足るだけの責任を負うことができない」「もっとも効果的な方法でカウンセラーの選んだ目標へとクライエントを到達させる」という発想は、「社会的調和をはかり、能力の高いものが乏しいものに指示する権利を高く評価するというもので、社会的政治的哲学からしても問題あり」と考えるようになります。

　そして従来の〈指示的アプローチ〉に対して、自身の立場を《非指示的アプローチ》として位置づけます。非指示的カウンセリングは「カウンセラーから強制や個人的圧力を与えない、受容的温かさ、応答的な態度により、クライエントがどんな感情も可能な限り最大限表現できるような関係をめざす」ものです。ただし、このような関係にも、ある種の制限や構造化が必要とも考えています(時間や依存、攻撃性、愛情など)。

　自由な表現を促進するためには、クライエントの感情に注意を向けて応答することが重要です。それによりクライエントは、理解された満足感を味わい、さらにすすんで気持ちを表明、それがクライエントの抱えている問題の情緒的根幹へと導いてくれ、洞察を達成、さまざまな諸事実を新しい関係でみるようになります。この洞察は、自己受容、新しい

Keywords

指示的アプローチ　非指示的アプローチ　洞察　自己受容

Keywords: ハーバード・ブライアン 逐語記録 関係療法

自信、自立性、主体的行動をもたらし、クライエントは、満足できる目標を積極的に選択するようになります。なお、洞察のためにカウンセラーにできることは、あえて洞察を創造したり、もたらそうとしないこと、すなわち、積極的行動よりも徹底した自制が必要と述べています。

このようなことを『カウンセリングと心理療法』では逐語記録を用いながら丁寧に説明、実践上、遭遇する諸問題についても、詳しく述べています。さらに、書籍の半分弱のページを割いて、8回に及ぶハーバート・ブライアンとの面接の逐語記録を収録しています。

ただ、このような考え方はまったくのロジャーズのオリジナルな考え方かというと、そうでもありません。彼に影響を与えたといわれているランクの関係療法というものがありました。これは、患者自身の自己実現を重視するセラピーとされ、「すべての精神分析的アプローチはセラピストを中心に回っている。真のセラピーは、クライエント――その困難や活動――を中心に回らなければならない」と述べています。ロジャーズの主張との相似性をここから感じとることができるでしょう。一方で、『カウンセリングと心理療法』以前のロジャーズの書籍である『問題児の治療』においてすでにカウンセラーの態度条件の萌芽がみられたことは序章のとおりで、彼独自の着想も当然ながら含まれています。彼の歩みに思いをはせれば、このような方向の考えを展開してゆく傾向は感じとれます。

よって、彼のここまでの実践を含むさまざまな体験が彼の理論に紡がれていった、と理解するのがよいでしょう。

クライエント中心療法

1950年代がこの段階にあたります。代表的著作としては『クライエン

第1章 パーソンセンタード・アプローチとは

ト中心療法』ですが、今日のクライエント中心療法の理論として一般的に理解されているのは、1957年の「治療的人格変化のための必要十分条件」と、1959年の「クライエント中心療法の立場から発展したセラピィ、パースナリティおよび対人関係の理論」の二論文の内容を含んでおり、これら三つをふまえて理解する必要があるでしょう。

序章でも述べたように《非指示的カウンセリング》はインパクトをもって広まりましたが、ロジャーズの主張が技法として誤解されることも多く、自身の主張は態度ないしありよう（書物では「哲学的オリエンテーション」とも述べています）にあることを強調していきます。このことの説明がさまざまな研究の裏づけとともに『クライエント中心療法』で述べられます。

ここで態度やありようとして述べられているのは「一人一人の人間のもつ価値や意義を認め尊重するという態度」「クライエントの能力への信頼」です。彼は、そういった態度と首尾一貫された技法でないとカウンセリングは十分には機能しないと主張します。非指示的「技法」が重要なのではなく、その源泉である「人間尊重の態度」が重要で、それがない非指示的「技法」は、有効に機能しないというわけです。このような態度を検討するために「カウンセラーの自己理解の必要性」と、実践における首尾一貫性を検討するための「逐語記録の検討」を強調しています。

ところで、後述するカウンセラーの態度条件〈一致〉〈無条件の積極的関心〉〈共感的理解〉は、じつは用語としてはこの書物に明確には登場しません。その登場は、諸概念を厳密に記述しようとした前述の二論文を待つことになります。

ロジャーズ理論の紹介としてよく目にする「経験」と「自己概念（構造）」の集合図で表したパーソナリティ理論はこの書物で登場します（詳

Keywords 『クライエント中心療法』 治療的人格変化のための必要十分条件 人間尊重の態度

しくは次章で扱います)。

　この書物では学生中心の授業、心理臨床家の訓練、遊戯療法、グループ中心心理療法、グループ中心リーダーシップも紹介されています。のちの"パーソンセンタード・アプローチ PCA"としての拡がりについてここで言及しているといえます。

　以上のようなことが、多くの逐語記録とクライエントや学生側の体験記録を引用しつつ述べられます。面接場面の客観的事実だけでなく、クライエントの主観的事実にも注目しているあたり、ロジャーズの現象学的視点が伺えます。

　前述のように『クライエント中心療法』をより厳密に記述した展開が、二論文です。いずれも検証可能な命題としての記述を試みています。前者は、後者の「I.セラピーの理論」のうちの「条件」に特化して詳しく述

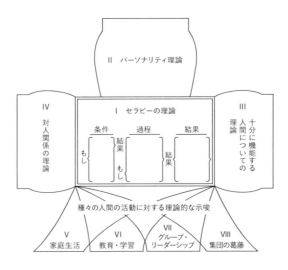

Figure 1.1　クライエント中心療法の体系（Rogers,1959の簡略図）

べています。ここでいわゆる〈一致〉〈無条件の積極的関心〉〈共感的理解〉という用語が結晶化します。また、『クライエント中心療法』で述べられたPCAの拡がりは、後者の「IV. 対人関係の理論」と「種々の人間の活動に対する理論的な示唆」で、明確に展開を位置づけています【Figure 1.1】。

体験的過程療法・フォーカシング指向心理療法

1960年代以降がこの段階です。これは統合失調症を抱えた人へのクライエント中心療法を検討した1957年からのウィスコンシン・プロジェクトがきっかけになっています。ロジャーズはこの段階の初期には関わっていますが、その後、彼は後述のPCAへ関心が移り、共同研究者のジェンドリンが体験過程療法の実質的な牽引者です。ジェンドリンは自らの立場を近年《フォーカシング指向心理療法》と称し、更なる展開を示しました（彼は2017年5月に亡くなりました）。

ジェンドリンは「セラピーがうまくいくかいかないかは、初期の数回の面接において、クランエントがある特徴を持っているか否かにある」ことを見出しました。その特徴とは、クライエントの自身の体験との関わり方で、それをまとめたのが体験過程理論です。

体験過程とは「暗に豊かな意味を含みながらも、概念として分化されずに、前概念的有機体的に身体感覚として感じられている体験の流れ」のことです。我々はさまざまなことを体験しています。そのうちの一部の意味は顕在化していますが、多くの意味は潜在的です。「楽しかった体験」を感じれば「楽しかった」ということ以上の意味がそこには含まれます。心理療法で起きる「気づき」とは、体験の潜在的な意味が顕在化してゆくことであり、そのためには、体験の仕方・ふれ方が重要にな

Keywords

フェルトセンス　フォーカシング　象徴化

るというわけです。

　顕在的意味のみにとらわれ、潜在的意味を問う姿勢がないと人格変化が起きません。「体験の流れのもつ潜在的意味にふれ（リファー）、象徴化していくプロセスこそが、人格変化である」とジェンドリンは考えました。その潜在的意味をフェルトセンスとよびます。

　潜在的意味を言葉やイメージとつき合わせながら明確にしてゆく、相互作用のプロセスを教えるために開発されたのが、技法としてのフォーカシングです。体験が意味していることが明示的になり、体験自体が変化することを「推進する」といいます。体験へ適切な関わり方ができれば推進が起こる。これが人格変化です【Figure 1.2】。

　これはクライエント中心療法の心理療法としての更なる展開といえます。しかし、ロジャーズは心理療法以外のフィールドに目を向け、次に紹介するPCAへと歩み出し、ジェンドリンは体験過程を軸とした心理

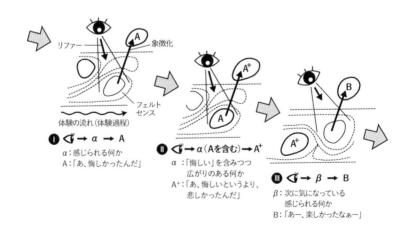

Figure 1.2　体験過程について

療法の展開に努めました。ロジャーズとジェンドリンの力点の違いもあり、クライエント中心療法とフォーカシング指向心理療法は別のものだ、というスタンスの研究者や実践者もいます。

パーソンセンタード・アプローチ

1960年代以降がこの段階にあたります。代表的著作としては『自己実現への道』『エンカウンター・グループ』『創造への教育』『人間尊重の心理学』などでしょう。

ロジャーズは、心理療法・カウンセリングから得られた知見をさまざまな領域に展開してゆくことに力点を移し、みずからの実践を"パーソンセンタード・アプローチ PCA"と称するようになりました。ただし、PCAはこれまでの活動を全て内包する概念であり、当然、そこにはカウンセリング・心理療法も含まれます。PCAにおけるカウンセリング・心理療法の展開は〈パーソンセンタード・カウンセリング〉ないし〈パーソンセンタード・セラピー〉とよばれます。

なお、フォーカシング指向心理療法は、同根でありつつも、ある程度独自の展開をしており、これをPCAないしそこに内包される〈パーソンセンタード・カウンセリング〉に含めるかどうかという議論はありますが、本書ではPCAを最大公約数で考え、これらも含まれるものとします。

さて、PCAを理解するうえで重要な実践が〈エンカウンター・グループ EG〉です。グループ場面でいかに人間尊重のありようを追求できるかが、一対一の心理療法・カウンセリングの知見を様々な領域へ展開できるかのキーとなります。

Keywords

パーソンセンタード・アプローチ　パーソンセンタード・カウンセリング　エンカウンター・グループ

Keywords

グループアプローチ　出会い　ファシリテーター　トマス・ゴードン　親業

　ロジャーズは〈クライエント中心療法〉を精力的に展開していた頃から、カウンセラー養成におけるグループの重要性を認識していました。さらに遡れば、彼自身、学生時代のさまざまなグループ体験が人生の転機のきっかけとなっており、このあたりもグループに注目する萌芽といえるでしょう。

　EGは、心理的成長が目的のグループアプローチの一種です。治療を目的にしているわけではないので、「グループカウンセリング」や「集団精神療法」そのものではありません。

　エンカウンターとは出会いです。その出会いには、三つの意味があるといわれています。自己との出会い（自己理解）、他者との出会い（他者理解）、自他との出会い（お互いにわかりあえる、いわゆる「出会えた」という体験）です。その出会いの可能性が期待できるグループ体験がEGです。これは、10名前後の参加者とファシリテーターと呼ばれる促進者1-2名からなるグループで、数日間合宿し、数時間の自発的な話し合いのセッションを繰り返し実施するのが、オーソドックスな形態です。

　EGはPCAにおける重要な実践ですが、PCAはさまざまなフィールドへの実践的拡がりをさします。どのような拡がりがあるのでしょうか？

　家庭における拡がりとしては、トマス・ゴードンの親業というものがあります。親と子どもの信頼関係を形成するには「オープンなコミュニケーションをもてるような関係」の形成が重要で、そこにはたらきかけていく実践です。

　教育における拡がりとしては、教育相談・生徒指導の領域での〈非指示的カウンセリング〉や〈クライエント中心療法〉の展開があります。開発的・予防的アプローチ、ないし人間性教育としてのEGが道徳教育

第1章 パーソンセンタード・アプローチとは

や総合的な学習の時間などで活用されています。また、先に挙げた親業の考え方を教師に展開した教師学といった実践もあります。児童・生徒・学生中心の学習も、教育におけるPCAの拡がりといえます。「教えない教育」や「ひとり学習」といった実践もあります。教育制度そのものへのアプローチとしてはイマキュレート・ハート・プロジェクトなどの試みもありました。

医療領域では、看護師教育としてEGが活用されたり、患者や家族へのサポートグループなどにもEGのエッセンスが活用されています。医者と患者の関係性の見直しなども、その遠因としてはロジャーズの発想があるかもしれません。

福祉領域では、さまざまな「サポートグループ」や「セルフヘルプ・グループ」が展開されていますが、ここにもEGのエッセンスが活用されています。

企業においては、企業のメンタルヘルス研修や上司−部下、同僚どうしの関係改善などでの積極的傾聴法トレーニングの導入や、働きやすい環境づくりのためのグループアプローチの展開などがみられます。

コミュニティにおいては、EGを用いた居場所づくりの実践が展開されています。

異文化・多文化間コミュニケーションにおいては、留学生の支援のためのEGなどにはじまり、在日外国人のサポートグループなどが展開されています。

社会的葛藤問題は、ロジャーズ自身が晩年精力的に展開した領域です。南アフリカ共和国での人種間のEGや北アイルランドでの対立宗教間のEGなどがその代表でしょう。

以上の流れをまとめました【Figure 1.3】。実線矢印がロジャーズ自身の展

Keywords

教師学　児童・生徒・学生中心の学習　イマキュレート・ハート・プロジェクト

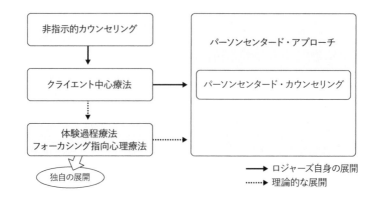

Figure 1.3　パーソンセンタード・アプローチの展開

開の流れを表します。点線矢印は、ロジャーズ自身ではなく、理論的な展開の流れを表します。

実現傾向と必要十分条件

　"パーソンセンタード・アプローチ PCA"はロジャーズがカウンセリング・心理療法のフィールドで発展させてきた「基本仮説」によって貫かれています。これは対象が広がっても変わません。この仮説にロジャーズ理論のエッセンスが凝縮されています。その「基本仮説」とは次のようなものです。

　人間はそもそも・実・現・傾・向を持っている。それはある種の・人・間・関・係（人間尊重の姿勢が貫かれた関係）でよりよく発揮される。

このうちの強調部がロジャーズ理論のエッセンスです。以下、この二点について詳しくみていきます。

実現傾向

〈実現傾向〉とは「有機体を維持し、強化する方向に全能力を発展させようとする有機体に内在する傾向」をさします。有機体という表現は特徴的な表現ですが、「いきているもの」ととらえましょう。いきてるものは、そもそも自分を維持、強化するために、もっている力を発展させようとする力があるということです。当然、有機体に人間は含まれます。グループや組織も「それ自体を維持、強化するように発展していくもの」と捉えられるので、いきているもの（有機体）といえるでしょう。この〈実現傾向〉がPCAでは、唯一の動因（動かす力）です。誰しも自分のもっている力を発揮しようとする傾向（力）があると考えます。

〈実現傾向〉は、建設的・成長的方向に向かう傾向であり、破壊的・病理的方向に向かう傾向とはされていません。破壊的・病理的な状態は、この実現傾向が十分に発揮されていないと考えます。また、破壊的・病理的な状態にあっても、その状況における可能な限りの自身を維持、強化しようとする試みと理解でき、現状における本人なりの可能な範囲での〈実現傾向〉は発揮されているといえます。

この前提はやや楽観的にみえるかもしれません。しかし、ロジャーズ自身がカウンセリング・心理療法の実践のなかで、その傾向を実感したものです。仮説ではありますが、荒唐無稽な思い込みではありません。その象徴的なエピソードが、前述のロチェスター時代の母親面接です。

実はこの前提が楽観的にみえてしまうのも、そうみえる人の人間のと

Keywords

有機体　動因

らえ方に、ある種の枠組があるからといえます。同じ現象でも枠組が違うと別のみえ方をします（たとえば、人間の本性をどのようにとらえるかについて、性善説・性悪説・白紙説といったものがあります）。実現傾向が楽観的にみえる人は、悲観的な人間のとらえ方が無自覚に前提されているかもしれません。対人援助に関わる人は「自分を道具にする」ため、道具である自分を知ること、すなわち、自己理解が求められます。〈実現傾向〉をめぐって自身の人間観を振り返ることは、大切な作業でしょう。

ある種の人間関係

　〈実現傾向〉は常に十分に発揮されるわけではありません。常に発揮されるなら、悩みや問題は存在しないはずです。よって、ロジャーズは〈実現傾向〉が十分に発揮されるための条件を考えました。それがある種の人間関係です。

　カウンセリングについて少し勉強された方なら「カウンセラーの三つの態度」とか、「ロジャーズの中核三条件」という言葉は聞き覚えがあるでしょう。〈一致〉〈無条件の積極的関心〉〈共感的理解〉がそれです。これらは説明上、分離して述べられますが、「人間尊重の姿勢、人間を大切にする姿勢」としてひとまとまりのもので、このような態度を「パーソンセンタードな態度」とよんでいます〔坂中, 2014〕。光の当て方の違いによって一つの態度を三つの側面から説明しているといえるでしょう（『クライエント中心療法』では、この用語が分化してなかったことを思い出しましょう）【Figure 1.4】。

　ある種の人間関係とは、このカウンセラーの三つの態度条件を中核とする〈六つの条件〉をさします。これは1957年の「治療的人格変化のための必要十分条件」という論文にまとめられていますので、そこでの条

第1章 パーソンセンタード・アプローチとは

件順に概観することにしましょう【Table 1.1】。

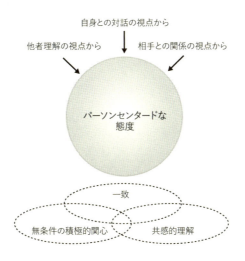

Figure 1.4　パーソンセンタードな態度の像としての中核3条件

Table 1.1　Rogers（1957）の治療的人格変化のための必要十分条件

1. 二人の人間が心理的な接触をもっていること。
2. 第一の人（クライエントと呼ぶことにする）は「不一致」な状態にあり、傷つきやすく、不安な状態にあること。
3. 第二の人（セラピストと呼ぶことにする）は、この関係のなかで"一致"しており、統合していること。
4. セラピストは、クライエントに対して"無条件の積極的関心"を体験していること。
5. セラピストは、クライエントの内的照合枠に対する"共感的理解"を体験しており、この体験をクライエントに伝えようと努めていること。
6. セラピストの体験している"共感的理解"と"無条件の積極的関心"が、最低限度クライエントに伝わっていること。

Keywords

心理的接触　プリセラピー　〈一致〉

第1条件：心理的接触　二人のあいだに最低限の心理的接触が成立しなければ、治療的人格変化は起きません。当然のことにも思えます。ロジャーズ〔1957〕も、他の条件に先立つ前提条件と位置づけているものの、この条件自体は単純なものとして、あまり解説していません。

しかし実践で考えると、相手との最低限の心理的接触は、常に自明のものとして保障されているわけではありません。重度の精神障害や自閉症スペクトラムにあるクライエントなどとの関わりにおいて、コンタクトをとることが如何に困難であるかは、想像に難くないでしょう。それに、どのようなクライエントに対しても、セラピスト側は細心の注意をはらって、関係構築していきます。

なお、ここにまつわる今日的展開にプリセラピーがあります【コラム3】。

第2条件：クライエントの不一致　第2条件、第3条件は、ともに〈一致〉についてです。ロジャーズは次章で述べる経験と自己概念の関係からパーソナリティの状態を記述しました。一致-不一致は「自身の体験（かすかなものや暗々裏のものも含めて）を気づいているかどうか」の軸といえます。

自身の体験していることが十分には気づけていない状態を〈不一致〉とよび、この状態を不適応と考えます。クライエントは問題を抱えて援助の場にやってくるのですから、何らかの意味で〈不一致〉といえます。治療的人格変化とは、〈不一致〉の状態にあるクライエントが、自身の体験に向き合い、それをそのまま気づいている状態、すなわち〈一致〉の状態への変化をさします。

第3条件：セラピストの一致　第3条件は第2条件と対をなす条件であり、セラピストの特徴を記述しています。これがカウンセラーの態度条

コラム3

プリセラピー
～「心理的接触」がないときどうする？～

　例えば知的能力障害や精神病性障害などにおいて、関係構築が困難な場合があります。つまり、「治療的人格変化のための必要十分条件」の第1条件、〈心理的接触〉が満たされないことがあるのです。そこでプラウティ Garry Prouty〔1936-2009〕は、クライエントが世界・自己・他者と心理的接触を発展させるのを援助する方法を見出しました。「心理的接触についての理論」すなわち《プリセラピー Pre-Therapy》です〔Prouty, 1994〕。

　① 接触反射　具体的には、クライエントの具体的な行動やその場にある具体的な事物・事象を反射します。それには五つの形態があります。状況反射（「雨が降っていますね」）、表情反射（「こわがっているように見えますが」）、身体反射（「背筋が伸びていますね」）、逐語反射（理解できた語や音や、クライエントにとって意味がありそうな語や音を反射します）、反復反射（これまで成功した反射を繰り返します）。このようにして接触を図ります。

　② 接触機能　こうした接触反射によって、セラピーに必要な三つの心理的機能が確立・強化されます。それはすなわち、現実接触（人・場所・物への気づき）、感情接触（情動・気分・感情への気づき）、コミュニケーション接触（現実や感情への気づきの他者への伝達）。

　③ 接触行動　人・場所・物・出来事を言葉にして言うこと、感情を身体や表情で表現すること、対人関係に関する語や文を言葉にして言うこと。そういった行動として現れるようになり、こうして心理療法に入ることができるようになります。

　プリセラピーは、ロジャーズの七段階から成るプロセススケール〔本書第2章参照〕の第1段階と第2段階に位置づけられます。詳しくは、プラウティの原典〔1994〕や、メアンズ〔1994〕の29-30章「プリセラピーの理論」「プリセラピーの実際」をご覧ください。

（岡村達也）

Keywords

〈無条件の積極的関心〉と〈共感的理解〉を自身に向ける 「表明」の拡大解釈

件のひとつである〈一致〉です。

　セラピストがこの関係のなかで〈一致〉、統合されているということは、セラピスト自身がクライエントとの関係のなかで体験することと向き合い、気づいているということです。

　これは、セラピストにとって都合のよい感情だけでなく、都合の悪い感情も認めることです。「こんなことを思ってはいけない」と感情を押し殺そうとすればするほど、その気持ちは大きくなるでしょう。むしろ「いま自分はこんなことを感じているんだね」とまずは認めてあげる方が、ふたたび聴く体制が整います。また、体験されている感情は「いま気になっていること」が唯一の感情ではありません。複数の複雑な感情を強弱彩り豊かに体験しているというほうが事実でしょう。カウンセラーとしてそこにいるのですから、都合の悪い感情とともに、相手を理解したいという気持はベースにあるわけです。そのようなさまざまな体験に気づいていることが〈一致〉です。

　このように考えると〈一致〉は、〈無条件の積極的関心〉をセラピスト自身に向け、自身の感じていることに対して〈共感的理解〉を示すともいえます。〈無条件の積極的関心〉と〈共感的理解〉を自身に向けることが〈一致〉です。

　なお、この条件は、セラピストが体験していることに気づいていることをさしますが、それをクライエントに伝えるかどうかについては副次的です。セラピストの体験を常に話す必要などなく、ロジャーズもセラピストの体験の表明は、〈無条件の積極的関心〉や〈共感的理解〉を妨げる場合の選択肢のひとつとして、限定的に述べるにとどまっています。また、表明は正確にする必要があり、今気になっている感情だけを伝えるのでは不充分でしょう。〈一致〉にまつわる誤解の多くは「表明」の拡大解釈です。「気づきがメインで、表明はサブである」というところを

第1章 パーソンセンタード・アプローチとは

まずは押さえておきましょう。

第4条件：セラピストの体験としての無条件の積極的関心　カウンセラーの態度条件の〈無条件の積極的関心〉です。「セラピストが体験している」とあるように、セラピストの体験としての条件で、まさに態度条件といえます。

カウンセリングでは「心理的に安全な雰囲気・関係づくり」が大切です。それが、クライエントの「ここではどんなことを話しても大丈夫な場である」という安心感につながります。そのことに関わるのが〈無条件の積極的関心〉です。日頃は「無関心」や「条件つきの積極的関心」といった態度も多いでしょう。「無関心」は字義どおりです。「条件つきの関心」は、言ったことをそのまま認めない、自分と意見や考えが同じ時だけ関心をもち、そうでないときは関心をもたないといった姿勢です（この点、自身の家族や友人との関わりを振り返ってみると、いろいろと気づきがあるかもしれません）。〈無条件の積極的関心〉は、積極的関心に何の条件もないということです。相手の意見や感情などの善し悪しといった聴き手の判断はいったん脇に置いて、相手の存在そのものに積極的関心をもつことです。虚心坦懐に先入観なく相手に耳を傾けるとも、その人の存在そのものを大切にするともいえます。

「否定的にとらえるのではない」ことは比較的理解されるのですが、「肯定的にとらえる」「よいところに注目する」「同調する」「迎合する」ことも〈無条件の積極的関心〉ではありません。この条件の訳語として使われることもある〈肯定的配慮〉の影響か、「支持やサポートする」というニュアンスで捉えられていることも多いですが、このような姿勢では、カウンセラーに受け入れてもらえることしか話せなくなります。否定／肯定ともに条件つきです。「積極的関心をもつことに何の条件も

Keywords

無条件の積極的関心　虚心坦懐に先入観なく相手に耳を傾ける　存在そのものを大切にする

Keywords

共感的理解　内部照合枠　あたかも〜ごとく　伝達

ない」ことがこの条件です。話題ではなく、存在への〈無条件の積極的関心〉とも理解するとよいでしょう。

　第5条件：セラピストの体験としての共感的理解、そして伝達　カウンセラーの態度条件の〈共感的理解〉です。第4条件と同様、セラピストの体験としての態度条件です。

　〈共感的理解〉とは、「相手の気持ちをあたかも相手が感じているがごとく感情に彩られた世界を理解する」ことといえます。日頃は「あの人は○○タイプだから」とか「わたしの経験では、ああいう人は○○だ」という理解の仕方をしがちです。これらは、本人視点ではない外側からの理解です。同情（かわいそうだ）、同感（わかるわかる）も、聴き手がそう思っているだけなので、やはり外側からの理解です。共感的理解は本人の視点、すなわち内側からの理解（これを内部照合枠からの理解といいます）です。

　しかし、内側からの理解といってもあくまでカウンセラーの仮説です。あたかも相手が感じているがごとくというのは、どこまでいってもあたかも〜ごとくであり、本人とは異なるという意味もあります。セラピストの感情や体験と混同しないという前提のうえで、内側からの理解のためには、聴き手が理解したことを話し手に伝えて確認するプロセスが不可欠であり、それなしに正確な〈共感的理解〉の体験をもつことは難しいでしょう。ゆえに第5条件は「体験＋伝達」となっているわけです。

　第6条件：クライエントの体験としての無条件の積極的関心と共感的理解　第3条件から第5条件まで、セラピスト側の体験として述べられていたのが、第6条件で、クライエント側の体験に移ります。セラピストが〈無条件の積極的関心〉と〈共感的理解〉を体験していても、素朴にそのま

まクライエントに受けとられる保障はありません。「クライエントにどのように受けとられたか」という視点は重要です。

　この条件は関係認知ともいわれ、クライエントが実感しているセラピストの〈無条件の積極的関心〉や〈共感的理解〉が治療効果に結びつくという、この条件を支持する研究結果が多く提出されています〔Norcross, 2011など〕。

　ところで、最低限伝わる必要があるのは、〈無条件の積極的関心〉と〈共感的理解〉であり、〈一致〉は含まれていません。クライエントにとっての〈一致〉の意味は、〈無条件の積極的関心〉〈共感的理解〉の質の保証、すなわち、カウンセラーのリアルな〈無条件の積極的関心〉と〈共感的理解〉を実感できるかといえます。逆にいえば、それ以外の〈一致〉の表明は、第6条件からみても副次的といえるでしょう。

　以上が「ある種の人間関係」の内実です。

　「ここに書かれている条件の完全到達は無理じゃないか」考えてしまいがちですが、これらの条件は「あるかないか」のデジタルな0,1発想ではなく、実現の程度が問われるアナログな発想でとらえましょう。

　前述のように中核三条件はバラバラなものではなく、ひとつのまとまった態度です。関連して〈プレゼンス〉という概念が提出されています【コラム4】。

　なお、ロジャーズ〔1957〕はここで述べられていない五つの要素に言及しています。そこを大胆に要約すると「この六条件は、1.あらゆるクライエントにも、2.どんな立場のセラピーにも、3.セラピーに限らず建設的な人格変容が起きる関係にも共通の条件であり、4.セラピストの専門知識や、5.心理診断は、人格変化と本質的に関わりがない」とまとめられます〔坂中, 2014〕。あらゆる対人援助の土台（OSのようなもの）として六条件があるといえそうですね。

Keywords：関係認知　程度が問われる　プレゼンス　述べられていない五つの要素

以上に述べたことを図示しましょう【Figure 1.5】。

心理的接触がとれている関係のなかで、カウンセラーはその場で自身がさまざまに体験していることへの〈無条件の積極的な関心（upr）〉を示し、それらへの〈共感的理解（emp）〉を維持します。これがすなわち〈一致（con）〉です。

同時に、クライエントのさまざまな体験に〈無条件の積極的な関心〉を示し、それらへの〈共感的理解〉とその伝達を試みます。クライエントは、カウンセラーからの〈無条件の積極的関心〉と〈共感的理解〉を最低限度は感じています。そんな関係の中で、カウンセラーからと同様の姿勢を、クライエントは自分自身にも向けるようになってきます（つまりクライエントは自分自身に〈無条件の積極的関心〉と〈共感的理解〉を示すようになります）。すると、クライエントは一層の実現傾向を発揮し、〈不一致〉からより〈一致〉した状態へと、建設的人格変化が起きます。

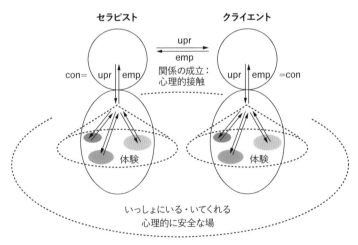

con：一致　upr：無条件の積極的関心　emp：共感的理解

Figure 1.5　治療的人格変化のための必要十分条件

第1章 パーソンセンタード・アプローチとは

十分に機能する人間

　人は〈実現傾向〉をもっており、それは、ある種の人間関係のなかで十分に発揮されます。

　では、〈実現傾向〉が発揮された人間はどのようになるのでしょう？ カウンセリングでいえば、必要十分条件を高度にみたした面接を十分に受けた場合に得られる心理的成長とは、どのようなものでしょうか？

　これがFigure 1.1の「Ⅲ．十分に機能する人間」という概念です。十分に機能する人間の特徴は、ロジャーズ〔1959〕にもありますが、ここではロジャーズ〔1963〕を紹介します。

　体験に開かれる　"今ここ"で体験している感情や感覚、イメージなどの主観的体験すべてをゆがめたり否定したりせずに、そのまま感じ、そのまま意識することです。

　実存的に今ここを生きることができる　慣れ親しんだ自身のあり方に固執することなく、瞬間瞬間の体験に開かれて生きることです。"今ここ"の体験にもとづき、柔軟に自己概念を変化させることともいえます。

　自分の体験過程を信頼し、それが行動や決断の参照軸となる　"今ここ"での体験は、体験過程と言い換えることもできます。それを信頼し、自身の羅針盤とすることです。体験に開かれれば、修正もすみやかになされ、新しい体験に対しても創造的な適応を発展させることができます。

　なお、この概念はマズローの「自己実現している人間」ときわめて近く（ただし、ロジャーズ理論で用いられる自己実現傾向は必ずしも建設的なものではありません。近似の概念は「自己実現している人間」と「十分に機能している人間」であり、自己実現というキーワードではないことは注意してください）、

Keywords

十分に機能する人間　体験に開かれる　今ここ　アブラハム・マズロー　自己実現している人間

この特徴を持った人は、他者と可能な限り調和しながら生きていくと、ロジャーズは述べています〔ロジャーズ，1959〕。

　十分に機能する人間とは、「みせかけ」「べき思考」「他人の期待」などから離れ、"今ここ"での経験に開かれて、自身を信頼するようになります。「固着的ではない」「絶えず創造していく」というプロセスに身を置き、そのようなありかたでの"他者との調和的関係"も発展させる、とまとめることができるでしょう。

人間性心理学

　"パーソンセンタード・アプローチ PCA"は、心理学の大きな流れとしては《人間性心理学》に分類されます。人間性心理学とは「人間性を理解し、その回復と成長に貢献することを通じて、社会的に責任を果たし得る心理学」〔日本人間性心理学会会則より〕です。また、アメリカ心理学会人間性心理学会部会によると「ロジャーズら先駆者たちの業績や実存主義哲学および現象学に基づいて20世紀中葉に台頭してきた心理学であり、意味、価値、自由、悲劇、個人の責任、人間の可能性、スピリチュアリティ、自己実現の探求を通して人間存在への全体的接近を計ろうとする」と定義されています。

　《人間性心理学》といえばマズローが有名ですが、ロジャーズも中心人物の一人です。他の代表的な人物としてはエーリッヒ・フロム、ロロ・メイ、フリッツ・パールズ、ヴィクトール・フランクルなどがあげられます。

　《人間性心理学》の視点として村山〔1983〕は、1.人間を全体的に理解する（要素に還元しない）、2.人間の直接的経験を重視する（現象学的アプロー

コラム4

プレゼンス
～第4条件？～

　ロジャーズ〔1979/1980〕は「変性意識状態」という見出しのもとで、次のように記しました。

　グループファシリテーターやセラピストとして万全のとき、〔中核三条件とは〕別の特質 another characteristic を発見します。わが内なる直観的自己の最も近くにいるとき、あるいは、わが内なる未知になにかしらふれているとき、あるいは、おそらくいくぶん変性意識状態にあるとき、そういうときには、何をしても十分な癒やしになるようです。そういうときには、単なる私のプレゼンス Presence が相手を解放し援助します。しようと思ってできる経験ではありませんが、しかし、リラックスすることができていて、自分の超越的な核の近くにいることができているとき……わが内なる精神がその触手を伸ばし、他の内なる精神にふれるようなのです。

　1986年にはこれを重ねて「もうひとつの特質 one more characteristic」という見出しのもとで記しています。これらを記述したときロジャーズは、それが「神秘的」であることに気づいていました。
　1992年、ソーンはこれを《中核三条件》に並ぶ質と捉え、〈第4条件 a fourth condition〉と記しました。しかしチューダーとメリー〔2002〕は「一条件ではない」とします。中核三条件はひとつのまとまった態度です。「中核三条件の高度なブレンド」〔Mearns, 1994〕、より高次のセラピストのありようについての提示と言えるかもしれません。詳しくは、ソーン〔1992〕の「第4条件」〔邦訳pp.63-65〕や、メアンズ〔1994〕の2章「クライエントといるときのプレゼンスの質に集中せよ」をご覧ください。

（岡村達也）

チ)、3.研究者もその場に共感的に関与する、4.個人の独自性を中心におく(個性記述的アプローチ)、5.過去や環境より価値や未来を重視する、6.人間独自の特質、選択性、創造性、価値判断、自己実現を重視する、7.人間の積極的な側面を強調する、をあげています。

　《人間性心理学》はその代表的人物が、カウンセリング・心理療法の研究者・実践者として目立つからか、臨床心理学の一分野と誤解されますが、そこにとどまらない拡がりをもったものです。

　心理学は、取り扱っている領域で教育心理学／社会心理学／発達心理学／人格心理学／臨床心理学／産業心理学などに区分されます。この区分に《人間性心理学》を並記することは適切ではありません。《人間性心理学》は、上記のような視点から人間を理解しようとするとらえ方や関わり方の枠組であり、その意味では人間性心理学的な教育心理学／社会心理学／人格心理学／臨床心理学／産業心理学など、各領域で成立します。このなかで、パーソナリティ理解や心理援助において《人間性心理学》の貢献が注目されるため、人格心理学、臨床心理学の一分野として《人間性心理学》が理解されてしまうのでしょう。

　この種の誤解はPCAにもあてはまります。PCAにとってカウンセリング・心理療法が重要なフィールドであることは間違いないのですが、PCAは、家庭、教育、産業、組織、コミュニティ、社会問題、国際関係までも射程に入った拡がりのある実践です。ロジャーズ理論＝心理臨床の一理論ではなく、もっと身近なもので、可能性を含んでいることを理解してほしい、というのが本書のねがいでもあります。

第2章
パーソンセンタード・カウンセリング

（坂中正義）

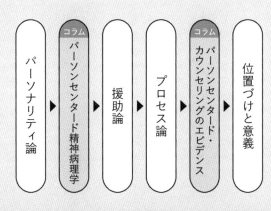

パーソナリティ論 ▶ コラム パーソンセンタード精神病理学 ▶ 援助論 ▶ プロセス論 ▶ コラム パーソンセンタード・カウンセリングのエビデンス ▶ 位置づけと意義

ロジャーズのカウンセリング・心理療法の理論は非指示的カウンセリングからクライエント中心療法へと展開していきました。その後、より広い領域での展開を志向し、パーソンセンタード・アプローチへと発展していきました。その流れのなかで、パーソンセンタード・アプローチにおけるカウンセリング・心理療法の展開はパーソンセンタード・カウンセリングPCCないしパーソンセンタード・セラピーとよばれるようになりました。

PCCにも、いくつかの力点の違う流れがあります。しかし、最大公約数としてはやはり、クライエント中心療法段階で一応の完成をみたロジャーズのカウンセリングととらえてよいでしょう。本章ではここを中心にとりあげます。

ところで、カウンセリング・心理療法の理論について理解を深める際、[パーソナリティ論][援助論][プロセス論]に注目すると概要を知ることが出来ます。

[パーソナリティ論]とは、その理論におけるパーソナリティの捉え方です。人のパーソナリティをどのようなものと考え、どのように形成されるのか？ 精神的健康／不健康をどう考えるのか？ 心理的な問題はどのように形成されるのか？ などが、これにあたります。[援助論]とは、具体的なカウンセリングについての考え方や関わり方についてです。[プロセス論]では、カウンセリングの流れのなかで何が起きるかについてです。主にクライエントの体験や変化についてを紹介することになります。

以下、これにそって紹介していきます。

Keywords　クライエント中心療法　パーソンセンタード・カウンセリング　パーソンセンタード・セラピー

Keywords

パーソナリティ論　経験　自己概念

パーソナリティ論

　ロジャーズは《経験》と《自己概念》の関係でパーソナリティを考えました。

　《経験》とは、時々刻々と経験していることすべてをさします。今この瞬間にも私たちは、自覚していること／自覚してないこと含めて、いろんなことを経験しています。今、「この本を読んでいる」という経験は自覚していますが、たとえば「集中して心地よい」とか「夕ご飯が気になっている」などの経験は、注意を向けないと自覚できないでしょう。このように言葉にできるものだけでなく、言葉にならない漠然としたことも経験していますし、そもそも、このように焦点化できないことも経験しています。同時並行的にさまざまな経験をし、それは刻々と変化しています。

　この説明で前章で説明した「体験過程」をイメージできた人は、いい

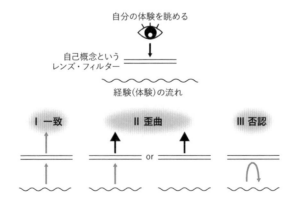

Figure 2.1　ロジャーズのパーソナリティ論における一致・歪曲・否認

線いってます。ロジャーズ自身はこの《経験》と「体験過程」の類似性について明確に言及していませんが、非常に近いものと理解してもよいでしょう。

《自己概念》は、自己についての知覚されたものの総体です。人は「自分はこうである、こうしたい、こうすべきだ」など、自分についてさまざまに認識し、意味づけています。それら自己についての概念の総体で、「自分ってどんな人間?」と問われると意識されるのが、自己概念です。

一致・歪曲・否認

《自己概念》は経験(体験)を眺めるレンズやフィルターの機能を果たします【Figure 2.1】。

自己概念と矛盾しない経験は、そのまま知覚されます。「引っ込み思案」という自己概念をもっている人にとっての、他人にうまく話しかけられない経験は、そのまま受け取れます。これを〈一致〉といいます。Iのパターンです。

自己概念と矛盾する経験は、そのまま知覚されません。「引っ込み思案」の例でいえば、初対面の人に自分から上手に話しかけられた経験などでしょう。「たまたま、相手がいい人で話しかけやすかった。いつもは出来ない。やっぱり自分はだめだなあ」と変換して知覚されます。このような変換や、経験してないことを経験したように受け取ること(「やっぱり自分って、だめだなあ」は自己概念によるねつ造)を〈歪曲〉といいます。IIのパターンです。

そもそも矛盾する体験は、知覚すらされないこともあります。前述のうまく話しかけられた経験自体、意識されずスルーされたりします。これを〈否認〉といいます。IIIのパターンです。

Keywords

適応的なパーソナリティ　柔軟で柔らかい自己概念

適応的なパーソナリティとは

　ロジャーズはこれを図示しました【Figure 2.2】。ただこの図は、経験と自己概念の関係のイメージ図として、あまり出来がいいとはいえません（経験と自己概念は同じ大きさでいいのでしょうか？　Ⅱは歪曲する対象としての経験に接してないのに歪曲といえるでしょうか？　など）。単なる集合図として、適応的なパーソナリティは、Ⅰの領域の大きい、すなわち自分が経験していることを出来るだけそのまま受け取れる人をさすと理解すればよいです（逆にⅡやⅢが大きければ、自己概念が脅かされ、歪曲・否認を多くするため、潜在的な緊張や不安が高いことをさします）。

　先の例では「引っ込み思案なところはあるけども、いつもそうではなくて、緊張なく人と話せることもある」という自己概念に変化すれば、Ⅰが大きくなるでしょう。これは「引っ込み思案である」という固定的な自己概念から「そうでない部分もある」という柔軟で可変性のある自己概念への変化をさします。経験は流動的で、変化します。感じていることを感じているがままに意識できるためには、柔軟なやわらかい自己概念が適応のキーといえるでしょう。

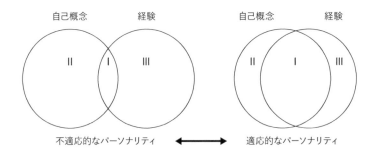

Figure 2.2　全体的パーソナリティ（自己概念と経験の集合図）

パーソナリティ発達

では、《自己概念》はどのように形成されるのでしょう？当然ですが、はじめからあるのではなく、重要他者（親・保護者）との相互作用によって徐々に形成されます。

子どもにとって重要他者からの積極的関心は重要です。「愛情を感じられるかどうか」ともいえ、それが得られるかどうかに敏感です。ある点においては子どもを認め、ある点においては認めないという態度は条件つきの積極的関心です。このときの子どもは、どんな体験も自分にとって優劣はないはずなのに、積極的関心が得られる体験を良いもの、得られないものを悪いものと判断し、積極的関心が得られる体験を重視する感覚を身につけます（したいことよりも、受け入れられる・認められることが重要になるわけです）。重要他者による子どもの評価や重要他者の価値観なども、条件つきの積極的関心といえます。

この体験の繰り返しによって、重要他者の価値が子どもの自己概念に取り込まれ、「レンズやフィルターとしての自己概念」として自律的に機能しはじめます。

この「取り込まれた価値」は《価値の条件》といわれます。この条件が多く強固であればあるほど〈不一致〉的となります。より〈一致〉したパーソナリティを育むには、重要他者の条件つきの積極的関心と結びついた価値の条件を最小限とする、あるいは弱めればよいわけで、重要他者の無条件の積極的関心が重要となります。これは、重要他者のもっている価値の条件にかかわらず子どものさまざまな体験を大切にして関心を向けていくことであり、そのことによる「子どもの存在そのもの」の尊重ともいえます。ただし、100％の「無条件」は理論値ですから、重要他者の「揺らぎが少ない、子どもへの比較的安定一貫した、積極的関

心」という具合に捉えるといいでしょう。

　ここから考えると、カウンセリングは〈価値の条件〉の影響を弱めるはたらきかけといえます。いったん形成された〈価値の条件〉を手放すのは、本人にとっては脅威です。心理的な安全を保証しないと難しいでしょう。カウンセラーによる無条件の積極的関心の体験（どのような自分であっても受け入れてもらえる）が、そのことに関わっています。

　このように考えると適応とは、「相手の期待に添うのではなく、自分が感じていることを大切にできるようになること」ともいえそうです。

　なお、ここで述べた適応／不適応の理解を発展させ、さまざまな精神障害についてパーソンセンタードの枠組から理解しようとする試みが、パーソンセンタード精神病理学です【コラム5】。

援 助 論

　パーソンセンタード・カウンセリングPCCの援助論は、既に前章で述べています。「人間はそもそも実現傾向をもっている。それはある種の人間関係（必要十分条件）のなかでよりよく発揮される」という基本仮説がそれです。

実現傾向と必要十分条件

　必要十分条件のうち、表【Table 1.1】の第1条件は前提条件、第2条件はクライエントの定義、第3から第5条件がカウンセラーの態度条件で、ここをカウンセラーの中核三条件とよんでいます。順に〈一致〉〈無条件の積極的関心〉〈共感的理解〉です。それぞれについては前章を再読いた

コラム5

パーソンセンタード精神病理学
～PCAには精神病理学がない？～

　パーソンセンタード・アプローチPCAは診断に批判的なため、精神病理学を避けてきました。かわりに、パーソナリティ論（経験・自己概念）や心理的不適応（不一致・歪曲・否認、価値の条件）の点から、これをおこなってきました。パーソンセンタード精神病理学の明確な嚆矢は『パーソンセンタード精神病理学』〔Joseph & Worsley, 2005〕になります。統合失調症・反社会性パーソナリティ障害・PTSD・抑うつ障害・児童虐待・自閉症スペクトラムなどがとりあげられ、類書や類章の出版も続いています。

　ふたつの方向があります。一方は、精神病理をPCAの概念で理解しよう、あるいは、PCAの概念に翻訳しようとします。たとえば境界性パーソナリティ障害は「価値の条件の非一貫性、経験の妥当化の欠如、虐待、情緒的ネグレクトなどにより、脆弱で不安定な自己概念となってしまった」〔Lambers〕結果となります。

　もうひとつは、壊れやすい *fragile*、解離した *dissociated*、精神病的 *psychotic* の三つの「困難な体験過程」〔Warner〕に基づくものです。〈壊れやすい体験過程〉は、境界性・自己愛性・統合失調型のパーソナリティ障害などに見られます。中核的問題を非常に強く感じたり、ほとんど感じなかったりします。〈解離した体験過程〉は、解離性同一症などに見られます。パーソナリティの断片を意識の周辺や、意識からまったく離れたところで経験します。〈精神病的体験過程〉についてはプリセラピー〔Prouty, 1994〕をご覧ください。

　詳しくは、前者についてはミアンズ〔1994, 邦訳chap.25-28〕「神経症」「境界性パーソナリティ障害」「精神病」「反社会性パーソナリティ障害」、後者についてはプラウティの「体験過程のヴァリエーション」〔1994, 邦訳pp.49-50〕をご覧ください。

（岡村達也）

だくとして、いずれも「カウンセラーの態度（体験）」として記述されている（クライエントがそう感じるかはとりあえず無関係）こと、第6条件でカウンセラーの無条件の積極的関心と共感的理解が最低限度は伝わる（クライエントがそう感じる）必要性が述べられていることをここで再確認しておきます。《実現傾向》の発揮にはこの六条件がある程度の期間継続していることが必要です。

態　度

　必要十分条件の半分がカウンセラーの態度に関わる記述です。このような態度の体験は、めざして成し遂げられることもあるし、自然とそうなっていたということもあります。体験していればいいのですから、いずれでもOKですが、この体験のためには、「どうしたら中核三条件は体験できるのか？」というようなHow Toを外側に求める姿勢ではなく、みずから模索を引き受ける姿勢が求められます。

態度を具現化する視点・関わり

　一般的なPCCの援助論の概説は〈態度〉につづけて〈技法〉の紹介があるか、〈態度〉の紹介にとどめるかです。筆者はいずれも昔からかすかな違和感を感じていました。態度に裏打ちされた技法こそ生きてくるはずなのに、紹介される技法はあまりにHow To的でした。また、態度論にとどめるのは、ある意味、ロジャーズに忠実ですが、実際がみえにくい、やや固い対応でしょう。
　この問題についての筆者なりの回答は、従来のあまりに態度論から遊離した具体的行動レベルの技法ではなく、「態度を具現化する工夫」と

いう態度寄りの何かを述べるというものです。これは、技法というよりも〈視点〉や〈関わり〉という表現のほうがフィットします。このレベルの記述は、態度論で放り出されるよりは学習者なりの試行錯誤の補助線として役立つでしょう。

　以下の視点は、筆者の心理臨床やワークショップの実践のなかから紡いできたものです。この次元で学習者各自の視点・関わりを発展させてください。

［個々の面接において］

　ペースダウンしてこの場に身をおく　面接場面は相手に丁寧に耳を傾ける場です。日頃よりはゆったりペースでいるとよいでしょう。そうすることで、この時間、この関係、この場に身をおく体制が整います。聴き手が日常を引きずり「心ここにあらず」ではよくないです。このような相手と会う前の工夫も、態度を整えるうえで大切です。

　気持をわかろうとする　ペースダウンと同じく日常からのモードチェンジとして、気持ちをわかろうとする姿勢も大切です。このことにはふたつの意味があります。

　ひとつは、日頃は事実関係などの理解を優先しがちです。面接でも事実関係の理解は大事ですが、それは日頃からやっています。気持をわかろうとすることを意識しましょう。

　ひとつは、日頃は解決や結論にとらわれがちです。そちらに気がいくと「理解すること」がおざなりとなります。この囚われは結構根深く、傾聴時もちらり顔を出します。ここはまずわかろうとするという場だと意識しましょう。

　関心を示す　相手に自然に関心がもてていれば、これはあまり問題にならないかもしれません。姿勢や表情、あいづち、声の調子などでそ

Keywords
ペースダウン　気持をわかろうとする　関心を示す

Keywords

語りを味わう・響かせる　確認する　待つ・急がない　半歩後ろからついていく

の関心が自然に表現されるからです。ただ、相手が関心をもってくれていると実感する必要があります。日頃控えめに関心を示しがちな人や、関心の示し方のレパートリーが少ない人は、関心を示す工夫を考えてみるといいでしょう。

　語りを味わう・響かせる　相手をわかろうとするには相手の語りを、日頃よりはゆっくり、自分のなかに通してみることが必要でしょう。比喩的な表現ですが、料理も時間に追われて、噛まずに食べるより、ゆっくり味わいながらよく噛んで食べる方が味がわかります。そんな意味で「語りを味わう」と表現していますし、相手の語りを聴いて、自身のなかでどんな感じが感じられるか、どう理解できるか、聴き手のなかで「響かせる」とも表現できるでしょう。これは、技法を学ぶとしばしば起きうる誤解としての「吟味なしの自動反応的応答」(「くりかえせばよい」「感情を反射すればよい」など) の対極にある姿勢です。

　確認する　相手の語りを味わう、響かせると、聴き手なりの理解が育ってきます。しかしその理解は聴き手側のもので、相手に確認してみないとその真偽はわかりません。確認すれば、相手が修正してくれたり、発展してくれたりします。聴き手の理解をより精緻化し、話し手自身の自己理解を促進するためにも確認は重要です。

　待つ・急がない　面接中も、ゆったりがキーワードです。展開しない、沈黙が起きるなどで焦ることもありますが、相手の自発的展開を急がずに待つ姿勢を整えましょう。

[全体的な流れのなかで]

　半歩後ろからついていくことをベースに　相手の実現傾向を信頼し、その歩みに寄りそうという姿勢は、相手の歩みに半歩後ろからついていくというイメージです。横並びは、最終的にはめざされる方向ですが、面

接初期におけるカウンセラーの影響力を過小評価してはいけません。一方、一歩後ろでは相手の歩みを邪魔しそうです。

ただし、これはあくまでベースです。相手の状態や局面によっては、聴き手の（半歩先の）リードも必要でしょう。その見極めは、聴き手が相手との歩みのなかで主体的におこなわれ、「こういう場合はこう」などと外的基準によってHowTo的にギアチェンジするようなものではないです。

とはいえ、私たちは先に述べたように、結論を急いだり、早くわかりたがるところがあるので、その戒めとしても、このような捉え方は有用でしょう。

私見は控えるをベースに　これはこれまで述べてきた〈関わり〉や〈視点〉を少し言い換えたものです。自分の体験・気持・理解・意見など相手に伝えたい、わかって欲しいという気持ちは誰にもあります。聴き手にもあります。しかし、面接は相手への傾聴を軸とした援助の場です。少し強い言葉ですが、日頃よりはある種の自制・禁欲、上述のような私見を吟味なしにつたえることを控えることは、ベースとして大切でしょう。これは、〈一致〉における自己表明を過大視しないという意味もあります。

ただし、これもあくまでベースです。ここを基本としつつ、援助という大きな目標のなかで、カウンセラーの自己表明が必要なこともあるでしょう。これもまた、聴き手が相手との歩みのなかで模索されることです。

プロセスを意識する　全体的な流れのなかでの視点は、「プロセスを意識する」ということにつながっています。クライエントはカウンセリングのプロセス（流れ）の中で変化していきます。それにより、カウンセラーの関わりの影響も異なるでしょう。たとえば、カウンセラーの

Keywords 積極的傾聴　基本的応答様式　場面構成　単純な受容

〈一致〉の表明として「あなたのことを身近に感じます」とか「あなたから責められているような感じがします」といった発言の面接の時期による影響の違いを想像してください。

　このような例は他にもあります。アドバイスや支持的関わりなどは、PCCのなかではそれほど積極的に位置づけられませんが、プロセスによっては、援助的に機能することもあります。

　ロジャーズの理論は総論的・本質論的な主張が得意なせいか、PCCの関わりがあまりに単純化・画一化されていると誤解されている面があります。プロセスを意識することは、その誤解を補正する重要な視点です。

技　法

　態度の発現や伝達としての技法という前提で、技法のいくつかを紹介します。

[積極的傾聴]

　アクティブリスニングといわれるもので、中核三条件を軸とした聴くことをとおしての相手との関わりです。基本的応答様式として以下のようなものがあります。

　場面構成　面接の場や時間は話し手のためにあり、自己探究の場として最大限にこの場を利用してかまわないこと、聴き手は話し手の自己探究の援助者であり、問題解決の指導者ではないことなどを伝え、この場を構成していく応答です。「50分ほど時間がありますので、どのようなことからでも……」といった発言が代表的です。

　単純な受容　感情の受容ともいわれます。聴き手は話し手の心情に

第2章 パーソンセンタード・カウンセリング

聴き入り、話し手の感情に焦点を合わせ、「うん」「ええ」「はい」「なるほど」などと応答をしながら、共体験をしていきます。

繰り返し　話し手の表明したことのエッセンスを、そのまま言葉で繰り返します。表現した内容になるべく忠実に繰り返します（例：C〔クライアント〕『朝出勤する時になると気分が悪くなり、頭痛がしてくる』――T〔セラピスト〕『出勤間際に、気分が悪くなり、頭痛がしてくるんですね』）。

通常は、励ましたり、説得したりしてしまいがちですが、聴き手の価値判断や評価を脇に置いて、話し手の表明していることをそのまま受け取って返していきます。

感情の反射　繰り返しが話し手の言語的表現に焦点を当てるのに対し、感情の反射は、話し手が表明する話題に含まれた感情に焦点を当て、それをそのまま受け取って返そうとする関わりです。話し手の感情は単一のものであったり、複合しているものであったりしますが、聴き手はその感情的色彩を感じ取って、感情の文脈を体験しつつ、話し手に映し返していきます（例：C『自分のつらい気持ちは先生にも分かってもらえないと思うんです』――T『自分のつらさは私にも分かってもらえないって……』）。

自分の外見的姿を確認し正そうとするときには自分を映す鏡が必要なように、聴き手が話し手の内面世界を正確に映し出す鏡として存在するときに、話し手の自己探究はもっとも効果的に遂行されます。

感情の明確化　話し手が自分の訴えや感情を言語化しようとしつつも、なかなかできない局面や、ぴったりとした表現がみつからない場面などで、聴き手が話し手のいわんとするところ・表現しようとするところをより適切なことばや表現によって言語化・明瞭化しようとする関わりです（例：C『本当は「自分のつらい気持ちは誰にも分かってもらえない」ということについて、絶対にそう思っているわけじゃないんです。むしろどこかで…何というか…』――T『「誰にも分かってもらいたくない」って思いたいような…』

Keywords

非指示的リード　ミス・マン

──C『そうですね、そう思いたいというか、そういう風にして自分に逃げ込みたいような…』）。

〈明確化〉には、聴き手の敏感で繊細な感受性が求められます。また聴き手だけの判断でなく、話し手との相互作用のなかで絶えず確認・修正されることが大事です。

非指示的リード　話し手に具体的に説明を求めるときなどに用いる『〜とおっしゃったけど、それはどういうことですか？』や、特定の話題が終わったときに『そのほかに話したいことはありませんか？』と問いかける、自由に（非指示的）話すことを促す（リード）応答です。

［ミス・マンとの面接の逐語記録］

すぐれた積極的傾聴の例として、ロジャーズのミス・マンとの面接〔ロジャーズ，2007〕を一部抜粋しました。傾聴の妙を味わってください（くれぐれも技法レベルで捉えないように）。

［C32］〔前略〕記事を読んだんですが、診断はとても難しいと書いてありました。ですから、それで主治医に盾突こうとは思いません。でも主治医ははっきりさせたいと思っているようで、なんて言うか…〔言葉に詰まる〕私のレントゲンを撮りたいと言って、私は怖くなりました。ガンではないことを確認しようとしているように思えたからです。それで本当に私は怖くなりました、ものすごくです（はい）そして…その…考えが頭の中に浮かんできたと気づいたら、もしかして、そうかもしれない、そして、もしそうな…本当にものすごく一人ぼっちなんだと思ったんです。

［T32］　はい…　本当に何かそんなものだとしたら…　すごく一人ぼっちなんだって感じる…。〔8秒沈黙〕

〔C33〕 本当に恐ろしいような寂しさなんです。だって、誰が一緒にいてくれるか、わからないし… かなり…。〔7秒沈黙〕

〔T33〕 こういうことでしょうか?「誰か… 誰か一緒にいてくれるだろうか… そんな恐ろしい時や一人ぼっちの時とかに」ということ?〔C泣く〕〔30秒沈黙〕本当にとっても深く傷ついているんですね。〔C首を横に振る〕〔13秒沈黙〕

〔C34〕 そばに誰かいたら、どういう感じがするのかわかりませんが。わたしは… ある意味、誰か頼れる人がいるように思えたらいい… そうしたら、もっと落ち着けるのかどうかわかりませんが。考えようとしていたんです、心のなかで育てなければいけないのだ、と…。ものを立てかけるスタンド(台)みたいなものを。…それを考えるだけでも。そのう、二週間かかると思います、結果がわかるまでに。誰かそばにいてもらった方がいいんでしょうか? それとも自分で… 努力して一人で受け入れるべきものなんでしょうか? そしてそれが…そんなふうに、今週は、本当に恐ろしく、怖い思いで、一人なんだとか、そういうことを考えていました。(はい)…

〔T34〕 ご自分が本当に一人ぼっちだというような感じなんですね… この宇宙のなかで、どこであっても…(はい)誰かが助けることができるかどうか、誰か頼る人がいてもいなくても助けになるかどうか、それさえ、わからないんですね。〔15秒沈黙〕

〔C35〕 おそらく、基本的には、一人でしなければならないという部分はあるんだと思います。つまり、ある感情には誰か他の人に入ってきてもらうことはできないんです。それでも、一人でなかったら、一種の慰めにはなるんだろうと、思えて。

〔T35〕 もし誰かが、あなたの…孤独や恐れの気持ちに…かなり入ってきてくれたら、きっといいでしょうね。〔14秒沈黙〕

[C36]　今、そうして頂けている気がします。〔20秒沈黙〕

[T36]　たぶん、今この瞬間、そう感じておられるんですね。〔19秒沈黙〕

[C37]　そして、慰められている気持ちです。〔長い沈黙-1分27秒〕今の私は、その一番真っ暗な部分を見ている気分なんだろうと思います。でも、その必要も実際にはないのかもしれません…　そのう…　自分を安心させるのには時間がかかるのかも。〔5秒沈黙〕そして、そのうち全然重要ではないことになるんでしょうね。忘れられないことだと思うけれど、きっと〔笑い〕（はい）…　でも、そのことで楽観的になるのは、難しかったんです。普通は、私は明るい見方をすることができるんですが…　こんな思いにふりまわされていた感じだったんです、たぶん。

[T37]　きっとあなたは、まるで本当に…　真っ黒な可能性と一緒に生きてきた…　事実は全く違う方向に展開するかもしれないのにね。（はい）でもそうは…　考えにくいんですね。〔18秒沈黙〕

［フォーカシング］

フォーカシングの各種技法も、クライエントの傾聴的関わりには有効です。次章を参照してください。

［カウンセラーの自己表明］

カウンセラーが必要と判断した場合、カウンセラーが自己表明をします。〈一致〉の伝達といった側面があります。

［プリセラピー］

前提としての心理的接触が成立していないクライエントとの反射を軸とし、心理的接触を図る関わりです。【コラム3】

なお、ここでは言語を媒介としたカウンセリングを中心に述べてきましたが、遊びを媒介するプレイセラピーもあります。そこでも〈実現傾向〉と〈中核三条件〉はいきています。第5章を参照してください。

プロセス論

　パーソンセンタード・カウンセリングPCCに限らず、カウンセリングの面接を理解するには、ふたつの倍率を持った視点が重要です。ひとつは、一回一回の面接のなかで起きることをしっかりみていくこと。ひとつは、各面接を俯瞰的に全体的な流れのなかでみていくこと。前者はミクロ次元、後者はマクロ次元です。前節の〈関わり〉〈視点〉でのべた「個々の面接において」は前者、「全体的な流れのなかで」は後者に対応しています。

　具体的な援助は、一回一回の面接の積み重ねです。そこで何が起きているのか、自分は何に反応しているのか、自分の関わりが相手にどんな影響を与えているのか、ミクロ次元でしっかり検討していくことは、カウンセラーの資質向上に不可欠な要素といえます。PCCのトレーニングで逐語記録の検討が重視される所以です。この視点からの理解は、援助論のところで述べたことを具体的に検討することといえます。

　一方、クライエントは、ある回で顕著な変化がみられても、それが以降の面接で必ず定着するわけではありません。変化してないようにみえても、初期の面接に比べれば、ずいぶん変化しているということもあります。このような変化を理解するには、マクロ次元が重要となります。面接をいくつかの時期にわけて論じる事例報告・事例研究がトレーニングとしても研究としても重視される所以です。

Keywords

プロセス論　ミクロ次元　マクロ次元

Keywords プロセススケール ストランズ 感情と個人的意味づけ 体験過程 不一致

ここではマクロ次元、すなわち、面接を俯瞰的にみた場合のクライエントの変化について紹介します。これはクライエントの「プロセスモデル」ともいえます。

ロジャーズのプロセスモデル

ロジャーズはPCCにおけるクライエントの変化のプロセスモデルをまとめています〔ロジャーズ, 1958〕。クライエントは、固定的・静的な状態から、流動的・動的な状態へと連続的に変化していくというモデルで、これをさらに精緻化したのが、次頁のプロセススケールです【Table 2.1】。

これは七つの観点を七段階で記述しています。この観点はプロセスの低い段階では、それぞれ独立的に存在していますが、高い段階になると統合されていくというイメージから、ストランズ（より糸）ともよばれています。

このプロセススケールは、クライエントの変化を測定するためのものですが、マクロ次元でのクライエントの変化を理解するのに役立ちます。

感情と個人的意味づけ クライエントは自分の感情が自覚も表明されない段階から、直接経験した感情の流れを否定することなく、自分の感情と認める段階へ変化します。

体験過程 クライエントは、"今ここで"体験しつつあることを意識していない段階から、体験の流れを刻々と焦点づけることができる段階へ変化します。

不一致 クライエントは経験と自己概念が〈不一致〉の段階から、一時的にでも〈一致〉することがある段階へと変化します。〈一致〉は《中核

第 2 章 パーソンセンタード・カウンセリング

Table 2.1 プロセススケール (ウォーカー, ラブレン, ロジャーズ, 1960)

ストランズ (strands)	過程の段階		
	低 (I-II)	中 (III-V)	高 (VI-VII)
感情と個人的意味づけ (Feelings and personal meanings)	認められない	自分のものであるという感じ (ownership) が増大する	流れのなかに生きる
	表出されない	表出が増大する	十分に体験される
体験過程 (Experiencing)	体験過程から遠く離れている	遠隔感が減少する	体験する過程のなかに生きる
	意識されない	意識が増大する	重要な照合体として用いられる
不一致 (Incongruence)		認識が増大する	
	認識されない	直接的体験過程が増大する	一時的にだけある
自己の伝達 (Communication of self)	欠けている	自己の伝達が増大する	豊かな自己意識が望むままに伝達される
体験の解釈 (Construing of experience)	構成概念が硬い	硬さが減少する	一時的な構成概念
	構成概念が事実として見られる	自分自身が作るものという認識が増大する	意味づけが柔軟で、体験過程に照合して検討される
問題に対する関係 (Relationship to problems)	認識されない	責任をとることが増大する	問題を外部的対象物として見なくなる
	変えようとする要求がない	変化することをこわがる	問題のある側面のなかに生きている
関係のしかた (Manner of relating)	親密な関係は危険なものとして避けられる	危険だという感じが減少する	瞬時的体験過程にもとづいて開放的に、自由に関係をもつ

(簡潔に示すために、一般過程の連続線上の低・中・高の段階についてのみ、各ストランドの顕著な特性を示した。本来の研究では、7段階に区別されている。)

三条件》のひとつでしたね。

自己の伝達 クライエントは防衛的で自己を全く伝達しない段階から、活き活きと自己を伝達する段階へ変化します。

個人的構成概念 クライエントのもつ諸概念が、硬く動かしがたい段階から、新しい体験に合わせて柔軟に修正され、体験過程と照合されて検討される段階へ変化します。固い自己概念から柔らかい自己概念への

Keywords: 問題との関係　対人関係の様式　洞察

変化ともいえるでしょう。〈自己概念〉は体験していることを眺めるレンズやフィルターになっていることを、パーソナリティ論のところで述べました【59頁】。体験がどのように理解（解釈）されるかという視点からみれば、体験の解釈ともいえます。

　問題との関係　クライエントは、問題を意識せず変化への欲求もない段階から、問題を自分のこととして引き受け、主体的に関わる段階へ変化します。

　対人関係の様式　クライエントは人との密接な関係を危険視する段階から、"今ここで"の体験過程にもとづいて、自由で開放的な関係が持てる段階へ変化します。ここでの対人関係とは、面接場面のカウンセラーとの関係もさしますが、日常のさまざまな人との関係もさします。

　プロセススケールの低い／高い段階に記述されている人は具体的にどんな人だろうか？　と想像してみましょう。マクロ次元でのクライエントの変化が、おぼろげながらイメージできると思います。そのうえでパーソンセンタード・カウンセリングの事例報告などを読んでいただくと理解がさらに深まるでしょう〔東山編, 2003など〕。

　援助論で述べた「プロセスを意識する」ことについても、少し思い出してください。プロセスの異なる段階にいるクライエントでは、同じ関わりをしても影響は異なります。プロセスを理解することは、関わりを模索するうえでも重要な視点といえます。

効果

　PCCを十分にうけるとクライエントは結局どうなるのでしょうか？ ロジャーズはカウンセリングの効果として「洞察の達成」をあげていま

した〔第2章〈非指示的カウンセリング〉参照〕。なかでも〈自己受容〉は重要な側面です。自己受容とは「自分自身のさまざまな側面（好ましい面／好ましくない面、よい面／悪い面など）をゆがめずにそのまま認め、トータルの自分をありのまま認めること」です。

　カウンセラーによる〈無条件の積極的関心〉と〈共感的理解〉は、クライエントにとって「他者に受容される体験」といえます。その体験は「自分自身を受け入れる体験」すなわち自己受容につながります。また〈自己受容〉は、いままで否認したり、歪曲していた自分の側面を自分のものとして取り入れるといえ、いままでよりも〈一致〉したありようともいえます。

　先に紹介したプロセススケールの高段階の記述も、見方を変えれば、カウンセリングで得られる効果を示しています。なお、前章にあげた「十分に機能する人間」も、カウンセリングの効果の指標といえます。また、リサーチによる効果の検討もなされています【コラム6】。

位置づけと意義

　ロジャーズの心理療法・カウンセリングへのアプローチは「効果的なセラピーの共通基盤は何か？」を抽出することでした。それがパーソンセンタード・カウンセリングPCCであり《必要十分条件》です。必要十分条件が示しているのは、カウンセラーとクライエントの関係性です。これを基盤と考えないカウンセリング・心理療法は（理論にそれが組み込まれてるかどうかに関わらず）ありえないでしょう。ゆえにPCCは「カウンセリング・心理療法のOS（オペレーションシステム：それがないとコンピュータが機能しない基本ソフト）のようなもの」といえるでしょう。

コラム6

パーソンセンタード・セラピーのエビデンス
〜PCCは効果がない？〜

　果たしてそうか？　今日、心理療法の効果の評価は、純正な実験手続き（ランダム化比較試験）を中心とした実証的研究を統合する手続き（メタ分析）によって得られる効果量（ES）によって行われます。よく使われるのが、標準偏差を基準として、実験群の平均値と統制群のそれがどれくらい離れているか評価するものです（コーエンのd）。一般に、ES=.8なら大、.5なら中、.2なら小と評価されます。そ

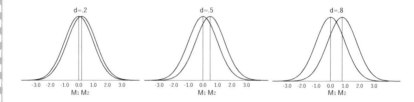

れぞれ実験群の何％が統制群の平均値より上にあるか（U3）というと、順に79%, 69%, 58%。ES=1ならU3=84ですね。簡潔には、クーパー〔2008〕の「カウンセリングや心理療法はどの程度効果があるのか？」〔邦訳pp.25-30〕をご覧ください。

　エリオット〔2013〕は「純正な」パーソンセンタード・セラピーのESを次のように報告しています。①治療前後の比較:.97（U3=83）。②治療後の推移：直後.97（U3=83）→1年未満.91（U3=82）→1年以上1.02（U3=85）。③非治療群との比較：.69（U3=75）。④他療法との比較:.02で等価。⑤認知行動療法（CBT）との比較:-.09で微妙（パーソンセンタードが劣る）。6.研究者の身びいき：ESと研究者の立場との相関はほとんどなし（r=.16;CBTに傾く）。

　パーソンセンタード・セラピーは有効です！　エリオットは言います。「CBTのほうが効果的というとき語られているのは、[純正な] パーソンセンタード・セラピーではありません。セラピー期間・セラピー内容を制限されたうえで [CBTの] 対照群とされ、当然効果の減弱した、いわゆる非指示療法／支持療法の戯画なのです」。

（岡村達也）

第 2 章 パーソンセンタード・カウンセリング

他のカウンセリング・心理療法との関連

精神分析 ロジャーズは自分の立場の検討のためにしばしば精神分析を引き合いにだします。それだけ影響を受けているともいえます。教科書的には、精神分析と人間性心理学は、前者が無意識を強調するのに対して後者は意識を強調するという整理がされます。違いをわかりやすく対比すればそのように理解してよいですが、もう少し丁寧にみていくと発見もあります。いくつか取りあげます。

精神分析もPCCも、いずれも内省-洞察を重視する心理療法です。PCCは中核三条件のイメージからでしょうか、「洞察を重視しない支持的心理療法」ととらえられることもありますが、〈自己受容〉が洞察の重要な側面であったことや、「無条件の積極的関心」イコール「支持的」ではないことを思いだしましょう。

ロジャーズのビデオでは、面接の解説部分で大抵、精神分析の逆転移という概念とカウンセラーの〈一致〉を対比します。このふたつの概念は比較的近い（ないし関連の深い）現象をさしているといえるでしょう。精神分析においても「逆転移の利用」といういい方をします。

コフートなど「共感」という概念を積極的に位置づける立場もありますし、平等に漂う注意という精神分析的態度と〈無条件の積極的関心〉にはある種の類似性を感じます。

精神分析から発展したユング心理学やアドラー心理学に目を向けると、ロジャーズとの距離はさらに近くなります。これまで度々登場したランクももともとは精神分析でしたね。

行動療法 ロジャーズは行動主義心理学者スキナーとの対話をおこなっています。この対話で明確になったのは両者の人間観の違いです。教科書的には行動療法と人間性心理学は、前者が「環境」を強調するの

Keywords
精神分析　ユング心理学　アドラー心理学

Keywords

行動療法　森田療法　ゲシュタルト療法　催眠療法

に対して、後者は「主体性・自発性」を強調するという整理がされます。行動療法との理論的な類似性はあまりありませんが、それ以外の関連は、いろいろとあげることができます。

行動療法もロジャーズもその捉え方は異なるものの、心理療法の実証科学的検討を重視しています。この点では、精神分析よりも行動療法に近いスタンスといえます。

実際の行動療法では、関係づくりを重視しています。そこがなければ行動療法も十分に機能しないからです。

アサーショントレーニングやマインドフルネスといった認知行動療法の最近の展開は、PCCで重視している人間像との類似性が高いです。前者は「自他尊重のありよう」が、後者は「ありのままの自分」が、めざされます。なお、後者は森田療法にもつながります。

その他　いわずもがなですが、人間性心理学に属する心理療法との類似性は高いです。これについてはむしろ、相違点に着目してみると理解が深まります。たとえば、ゲシュタルト療法との比較などは興味深いです。『グロリアと3人のセラピスト』【コラム2】は映像資料として参考になります。

催眠療法で有名なエリクソンについて、ロジャーズ〔1987〕は「彼の無意識への信頼と自分の実現傾向への信頼は非常に近いものがある」と述べています。

今日的意義

実現傾向や関係性（一致、無条件の積極的関心、共感的理解）、実際の面接での視点や関わりを概観すると、日常慣れ親しんでいる視点とは異なることを強調しているといえます。

第 2 章 パーソンセンタード・カウンセリング

Keywords
社会のゆがみの象徴　一面的な見方・極端な偏りへの警鐘

　ロジャーズの理論を学習したときに湧いてくる典型的な疑問（「カウンセラーが答えを教えた方が効率的では？」「話を聴いて欲しい人にはいいけど、解決策がほしい人には役に立たないのでは？」など）も、日常慣れ親しんでいるもののとらえ方（効率能率や結果重視など）に如何にとらわれているか、を示していると思います。

　「こころの問題は社会のゆがみの象徴である」という側面があります。効率・能率を求めるあまり、それでしかものがみえなくなってしまう。結果のみが評価され、至るプロセスは顧みられない。効率・能率的な視点、見守る・待つといった視点、共に大切な視点という多元的な見方ができない。結果とプロセスも同様です。この一面的な見方・極端な偏りへの警鐘が、現代社会のさまざまなこころの問題として象徴的に表現されているともいえます。

　このように考えるとロジャーズの理論は、カウンセリング理論として、具体的な援助に貢献するというだけでなく、現代社会の抱える問題、おもに人間やこころの捉え方の極端な偏りに気づかせてくれる、という意義も大きいのではないかと思います。

第3章
体験過程理論とフォーカシング

（田村隆一）

カウンセリングが成功するとき ▶ コラム 体験過程スケール ▶ 体験過程理論 ▶ フォーカシング ▶ コラム クリアリング・ア・スペース ▶ フォーカシング指向心理療法

本章では最初に、カウンセリングが成功する場合に、クライエントはどのようにふるまい、どのような体験が生じているのかを取り上げます。

ロジャーズたちはプロセス研究の中で、クライエントの状態をプロセススケールを用いて明らかにしようとしました。ロジャーズの共同研究者の一人に、E.T.ジェンドリンがいます。哲学を研究していたジェンドリンは、哲学の研究の成果をカウンセリング理論に応用し、統合していきます。ロジャーズとジェンドリンは互いに影響を受けながら、理論と研究を発展させます。ジェンドリンの提唱した体験過程理論はロジャーズの理論の中に組み入れられていきました。

ジェンドリンの体験過程理論はフォーカシング技法を生み出し、発展していきました。この理論と技法はパーソンセンタード・アプローチにとどまらず、精神分析や行動療法など幅広い心理療法やカウンセリングの理論とも統合が可能です。

本章では、体験過程理論とフォーカシング、さらにそれらを発展させたフォーカシング指向心理療法について紹介します。

Keywords

ユージン・T・ジェンドリン

Keywords

プロセススケール　体験過程理論　フォーカシング　体験過程スケール

カウンセリングが成功するとき

　ロジャーズは、カウンセリングの成功に関わるクライエント側の要因も研究しました。そこで見出されたのが、クライエントのある特定の「話し方」「自分の気持ちへの注意の向け方」がカウンセリングの成功にとって重要であるということです。

プロセス研究と体験過程スケール

　カウンセリングのなかで生じていることを研究するために、プロセス・スケール〔ウォーカー, ラブレン, ロジャーズ, 1960〕【第2章Table2.1】を作成し、カウンセリングの録音記録を分析しました。この研究には、体験過程理論を提唱しフォーカシングを作り上げたジェンドリン Gendlin, E.T. も加わっていました。ジェンドリンの理論は、ロジャーズに影響を与え、ロジャーズの理論の一部に統合されていきます。

　プロセス・スケールの一部は、〈体験過程スケール〉（EXPスケール Experiencing Scale）【コラム7】として改良されます〔Klein et al., 1970〕。カウンセリングが成功する場合と失敗する場合に、クライエントがどのような状態にあるかを、体験過程スケールを用いて研究した結果、次のようなことがわかりました。

　カウンセリングの最初の数回で体験過程レベルの低いクライエントは、その後も体験過程レベルが変化せず、カウンセリングが成功しませんでした。一方、面接当初から体験過程レベルが高いクライエントは、カウンセリングが成功する場合が多かったのです。

第3章　体験過程理論とフォーカシング

フォーカシングの誕生

　体験過程レベルの低いクライエントに対して、どのような対応をしたらよいのでしょうか。ひとつの考え方としては、体験過程レベルの高い様式（自分のなかで感じられているが、まだ言葉にならないような"あいまいな感覚"に注意を向けて、そこから言葉を生み出そうとするようなありかた）で語ることができるように、クライエントに教えるというものです。

　ジェンドリンは教え方とトレーニングの仕方を技法化しました。これがフォーカシング *focusing* です〔Gendlin, 1978〕。フォーカシングは、カウンセラーのトレーニング、自己理解、セルフヘルプ・グループでの支援の方法として活用されるようになりました。カウンセリングのなかで柔軟に取り入れることが可能なフォーカシングは、さらに体系化されて〈フォーカシング指向心理療法〉〔Gendlin, 1996〕となります。

体験過程理論

　ジェンドリンの提唱する《体験過程》理論は、フォーカシングの基盤となっています。

パーソナリティの変化はどのように？

　ジェンドリンは「主要なカウンセリング・心理療法の理論は、なぜ心理的な困難や病気が生じるのかをパーソナリティの側面から論じるが、その理論からはパーソナリティの変化をうまく説明できない」と指摘します。主要な理論は〈抑圧モデル *Repression Paradigm*〉と〈内容モデル

Keywords

フォーカシング指向心理療法　抑圧モデル　内容モデル

コラム7

体験過程スケール

　プロセススケールは7つの「ストランズ」と呼ばれる下位尺度で構成されますが、このなかの《体験過程》の尺度は独立して〈体験過程スケール〉（EXPスケール Experiencing Scale）として改良されました。体験過程スケールは、クライエントが自分にどの程度注意を向け、そこで感じられる"まだあいまいな感覚"から言葉を出したり自分を表現する程度を評定するものです。

　体験過程レベルの低い段階では、自分の感情は表現せず、他人事のように話したり、事実の説明や他の人について話します。高い段階では、感情を直接表現するようになり、話している"いままさに感じられているからだの感覚"に注意を向けながら話します【Table 3.1】。

　〈体験過程スケール〉では、カウンセリングの録音記録を複数の評定者が聞いて、クライエントが7段階の体験過程レベルのうちどのレベルで話しているかを評定します。

Table 3.1　体験過程スケール（EXPスケール）

段階	評定基準・各段階の特徴
1	ほとんど話す気がない。自分とは無関係のことをしゃべる。最低限の応答。
2	話し手と関係のありそうな話。どういう気持ちかははっきり表明しない。
3	感情などが語られるが、ある場面に限定したもの。
4	感情が語られる。話すことによって、自分がどんな人間かを語ろうとする。
5	仮説提起をしながら、自分のからだの実感に触れる。
6	気づきが起こる。
7	気づきが、一つのことから、生活のいろいろな場面までひろがっていく。

〔池見ら（1986）をもとに作成〕

（田村隆一）

Content Pardigm〉という問題を抱えているとします〔Gendlin, 1964〕。

〈抑圧モデル〉とは、フロイトの「抑圧」やロジャーズの「否認」、サリヴァンの「私でなくなる not me」というように、ある一定の価値が人に取り込まれて、それと矛盾する体験は歪められたり気づかなくされる、という理論構造のことを指します。気づけないものがどのように気づけるようになるのか、説明が難しくなります。

〈内容モデル〉は、パーソナリティはいくつかの内容（「不安」「自己概念」「固着」など）から成り立っているという視点です。このモデルでは、内容がどうやって変化するかを示しにくくなります。

今ここで感じられているもの

ジェンドリンは、感情や認知のもとには"まだ言葉にならないような体験"があると考えます。この体験は刻一刻と変化し続けているものなので、《体験過程 experiencing》という言葉を使って表現します。

《体験過程》は①感じられるものであり、②まさに現在この瞬間において起こるものです。私たちが「ああこんな風に生きているんだ」という実感をもっているとき、その実感として感じられているものが体験過程であり、外から客観的に観察されたり説明されるものではありません。

ある人が「悲しい」と言ったとします。普通は「悲しい気持ちがあるから『悲しい』という言葉が出た」と考えます。しかし「悲しみ」にはいろいろな気持ちが複雑に入り組んで、混じっていることが普通でしょう。昨日の悲しみと三年前の悲しみでは、同じ『悲しい』という言葉を使っても、その言葉の指している体験は異なります。

悲しみを細かく分割していけば、その違いがわかるでしょうか。ある

Keywords

抑圧　否認　体験過程　今ここで感じられているもの

人は「悲しみ」のなかに、何かを失ったという側面があると感じました。さらに人生がうまくいかないという事態に対する悲しみ、それをどうすることもできない自分の能力のなさに対する悲しみが混じっているように感じました。このように分割して考えることは可能ですが、だからといって「悲しみ」がなにか別の感情に変わるとは限りません。分割しても、昨日の悲しみと三年前の悲しみの違いを説明するのは困難でしょう。どんなに分解しても、いま感じている体験そのものを説明することはできません。

　ジェンドリンは《体験過程》は感じられるものだとします。無意識に抑圧されて感じないものがあるとしても、それを直接扱いません。いまこの瞬間に現に感じているものを対象とします。昨日とか三年前とか、自分が五歳だった頃ではありません。過去のことを思い出しているのなら、それを思い出しているいまどう感じているかに注目します。

感情が変化するとき

　「悲しみ」が和らいだり、別の気持ちに変わるとき、何が生じているのでしょうか。自分で何かを考えたり、人に話を聴いてもらったりすることで、感情は変化していくでしょうが、ここでは人に話を聴いてもらうことを考えてみましょう。つらい気持ちのときに誰かに話をじっくりと聴いてもらっていると、特に何かを言われなくても自然に気持ちが落ち着いてくることがあります。

　自分の話を共感的・受容的に聴いてもらっていると、変化が生じてきます。自分の気持ちがはっきりしてきたり、別の気持ちが「あったんだ」と感じたり、悩んでいたことがどうでもよくなってきたりします。

第3章　体験過程理論とフォーカシング

Keywords

象徴

　象徴と体験過程　「悲しい」気持ちのとき、通常は「私は悲しい」つまり「私＝悲しい」のようにとらえがちです。「悲しい」はひとつではなくて多くの種類があると思えば、「悲しい」というひとつの言葉で表現することには無理があります。それでは、小説家のように言葉を使うのが上手な人でなければならないのでしょうか。

　ひとつの言葉が何を指すかを考えるときには、言語学でいうように、言葉と言葉が指し示す対象を分けて考えるとよいでしょう。「悲しい」という気持ちで考えれば、「悲しい」という文字や、「悲しい」と口に出したときの音声によって、悲しさを指していることになります。重要なのは、「悲しい」という文字や音声と、それが指示している悲しさそのものは同じではないということです。

　「悲しい」という言葉で表現された感情は、そのもとになる体験が感じられていて、それは「悲しい」という言葉だけでは表現し尽くされていないと考えます。あくまで、いろいろなことがひとつになって複雑な体験が感じられているものを、とりあえず「悲しい」という言葉で表現してみたということです。

　自分の気持ちを言葉や文字や絵を描くことなどによって表現するとき、表現として示されたものを"象徴"といいます。「悲しい」と言うときには、「かなしい」という音声が"象徴"ですし、からだを丸めて頭を抱えて下を向いて目を閉じているという姿勢や動作も"象徴"になります。「あぁぁ」という声も悲しみの"象徴"になりえます。嬉しいときに、「やった！」と声に出したり、ガッツポーズをするのも、嬉しさの象徴となります。つらい体験をしたときに、周囲の人が気遣ってくれていることを感じ、こころのなかで「自分が多くの人に囲まれて、優しいまなざしを向けられて、自分が支えられている」というイメージを思い描いている場合のイメージも、ひとつの"象徴"です。

Keywords

象徴化　適切な象徴化　不適切な象徴化

　"象徴"は《体験過程》を忠実に表現したものにはなりません。なにかを表現（つまり象徴化）しても、表現しつくされていない感じが残ります。

　適切な象徴化と不適切な象徴化　ある人が、友人から言われた言葉に対して悲しんでいたとします。そのことを別の友人に話しているところを考えてみましょう。

　『昨日、友人から「あなたは楽な人生を送っているね」と言われたんです。それを聞いてすごく悲しくなって…』

　ここで、「悲しくなって」という象徴化がされています。象徴（「悲しい」という言葉）が、その人の体験にとって適切であれば、話した後に少しホッとしたり、涙が流れてきて、しばらくして落ち着いたりということが起こるでしょう。もちろん、この言葉だけで終わるわけではありません。自分は頑張っているつもりだったのに、楽をしていると決めつけられたことに対する腹立ちや、そのように見られていることへの驚きや、さまざまな気持ちが入り混じっていることを、ひとつひとつ、言葉にしながら確認していくことになるでしょう。

　逆に、不適切な象徴化、すなわち自分の体験とはちがうような言葉を発してしまった場合には、不快な感じが生じたり、悲しみが和らぐどころか、かえって強くなるかもしれません。「楽な人生」と言われたこと自体が、友人から不適切な象徴化を押し付けられたともいえます。

　ではどのような象徴化が適切で、何が不適切なのでしょうか。ジェンドリンは「どのような象徴化が適切かを、象徴化の前に知ることはできない」という立場をとります。適切な象徴化かどうかは、象徴化の結果として生じた状態で判断するべきだと考えます。また、不適切な象徴化が悪いわけではなく、不適切な象徴も適切な象徴化につながることがあるので、それを避けるべきだとも考えていません。

気持ちを言葉にした後に違和感を感じたり不快感が増した場合は、適切に象徴化がおこなわれておらず、気持ちが楽になったり、ほっとしたり、「あぁ、こんな気持ちだったんだ」と自分のなかで納得できたときに、適切な象徴化がおこなわれたことがわかると考えるのです。

フェルトセンスと象徴化

　適切な象徴化が生じるときには、〈フェルトセンス〉と呼ばれる感覚に注意を向けています。フェルトセンス felt sense とは、まだはっきりとは言葉にならない、あいまいで、何かの意味を含んだような、からだで感じられる感覚です。

　「悲しい」気持ちがあるときに『その悲しさはどんな悲しさなんですか?』と聞かれたらどうなるでしょうか。悲しさをもっと言葉にしようと思えば、悲しみのもとになっている感覚に注意を向けるしかありません。多くの場合、それは胸やおなかのあたりで何となく（場合によってはハッキリとですが）感じられる、いろいろな気持ちが入り混じったような感覚です。胸が苦しくなるような感覚であったり、おなかの中がえぐり取られるような感覚だったり、からだの中に太い棒が入っているような感覚だったりしますが、それはかすかな感じの場合も多いでしょう。

　まだはっきりと言葉にできないということでは、前言語的・前概念的です。〈フェルトセンス〉は、すぐに変化しうるものです。ある言葉を発した（象徴化した）瞬間には、もうフェルトセンスは別のものに変化していることが多いものです。フェルトセンスは常に変化し続けていますが、その流れをひとつのものとして感じてもいます。

　〈フェルトセンス〉は状況も含んだ感覚です。人と話をするときに、親しい人と不慣れな人では、前に座っただけで感覚は違うでしょう。部屋

Keywords

暗在的　明在的　暗在的な意味

の雰囲気や空気感のようなものも、そのときに感じている感情と一体のものです。それが一体として感じられているのがフェルトセンスです。

〈フェルトセンス〉は"実感"として感じられる感覚です。フェルトセンスには何らかの意味が感じられますが、はっきりとはわかりません。"暗に感じられている"ということを暗在的 implicit（暗々裏の）と表現します。はっきりと意味がわかった状態は明在的 explicit といいます。つまりフェルトセンスは「暗在的な意味」を含んでいます。

〈フェルトセンス〉は、単なる身体感覚とは異なります。胃の中が傷ついて痛みを感じるとき、胃の痛みはフェルトセンスではありません。しかし、その痛みをどう感じるかには、感情や自分の置かれている状況や意味が関係しています。それらは、バラバラに存在する要素の寄せ集めではなく、一体として感じられるものです。つまり、からだで感じられると表現しましたが、その"からだ"は物理的な身体そのものではありません。しかし、どこで感じられるかと聞かれると、「からだで」と答えるしかないような感覚です。状況によってはからだではなく、からだを含めた空間を一体として感じるかもしれません。ある部屋で人と対面しているときに感じる、その部屋全体の雰囲気のような、拡張された"からだ"として感じる場合もあります。

　　　ひとつの象徴化は新たなフェルトセンスを生む　「悲しい」気持ちが生じたときに『いま、悲しくてたまらないんです』と言ったとします。実際には、ある感覚があってそれを「悲しくてたまらない」と表現したわけですが、普段は言葉（象徴）が出てくるもとになった感覚のほうに注意を向けている人は多くないでしょう。

　では、『悲しくてたまらない』と言った瞬間には、何が生じるでしょうか。もう一度その言葉が適切かを確認してみましょう。確認するため

には、その言葉のもとになったフェルトセンスに注意を向ける必要があります。すると『悲しくて、つらい』という言葉が出てきたとします。最初は『悲しくてたまらない』という象徴化をおこなったのですが、その結果、少しフェルトセンスが変化します。そこからはさらに「つらい」という言葉が出てきました。

「つらい」という言葉が出たあとはどうでしょうか。再び〈フェルトセンス〉に注意を向けます。すると、"からだ"を外から圧迫されているような感覚が出てきました。『あぁ、なんだか、からだが外から押さえつけられているような、なんか、そんな、感じです…』という言葉になりました。「押さえつけられているような」という象徴化がおこなわれています。ぽつりぽつりと、言葉が出てきています。フェルトセンスに注意を向けながら言葉を出そうとすると、このようにゆっくりしたペースになることはよくあります。

ここで、「押さえつけられて」という言葉を発した瞬間にも〈フェルトセンス〉は変化しています。それでまだ表現できていないフェルトセンスを言葉にしようとして、『なんか、そんな、感じです…』と続いています。普通の会話では、「なんか」とか「そんな」とかが気持ちを表すことばとは考えませんが、これらの言葉も象徴化の一部です。

さらに『あぁ、期待されてたんですね。人から…』『あぁ、そうです』『そうですね。期待されていて、しんどくて…』『あぁ、そうなんです。期待されてたんだ。そうか、しんどかったんだ。しんどかったんだ。』と続いたとしましょう。

「悲しい」、「押さえつけられた」、「期待されてた」、「しんどかった」という象徴化が起こっています。おもしろいのは、自分で言葉を出しているのに、自分の発した言葉に自分で納得して「そうか」と言っているところです。自分から出てきた言葉なのに、その言葉（象徴）によって

第3章 体験過程理論とフォーカシング

Keywords
フェルトセンスの変化　納得

〈フェルトセンス〉が変化して、自分が納得している（納得するという変化もそこで生じている）わけです。

象徴化の過程はジグザグ　象徴化の過程はジグザグと表現されます。これを図示しましょう【Figure 3.1】。雲の形で示したのがフェルトセンス、長方形が象徴、上向きの矢印が象徴化になります。

下向きと横向きの矢印は何を表しているでしょうか。〈フェルトセンス〉から、象徴化が起こり、象徴が表出されました。フェルトセンスから言葉を発した（象徴化がおこなわれた）瞬間には、フェルトセンスが変化しています。横向きの矢印は、フェルトセンスの変化を表します。『悲しくてたまらない』と言った後に、さらに言葉にしようとすると、すでに変化したフェルトセンスに注意を向けることになります。自分の体験過程から象徴化をおこなおうとすると、気持ちのもとになっている部分に直接目を向ける必要があります。これを「直接のレファランス direct reference」と言います。下向きの矢印の部分です。

レファランスという英語は、リファー refer という動詞から派生した名詞です。refer は「言及する」とか「照会する」などと訳されます。ここ

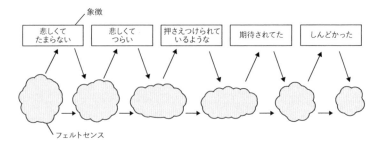

Figure 3.1　フェルトセンスと象徴

では、感情などのもとになった体験に注意を向けることになります。

体験過程の推進と体験的ステップ　象徴化がどのようなものであっても、フェルトセンスは変化します。ぴったりこない言葉を出すと、すっきりしない感覚が大きくなります。

　一方、自分の感覚と合うような適切な象徴化がおこなわれると、からだが楽になったり、涙が出てきてすっきりしたり、納得感が生じます。象徴化によって暗在的意味が明在的になったといえます。先ほどの例で『しんどかったんだ』と自分から口にしながら、『しんどかった』という言葉に対して改めてからだで確認をしながら納得をしています。

　このような象徴化を〈推進 carrying forward〉といいます。この時にからだが楽になったり、笑いや涙がでたり、すっきりした感覚になったりして、体験的変化が生じ、肯定的な感覚が生じることを〈体験的ステップ（体験的一歩）experiential step〉と言います。ジェンドリンは当初は〈シフト shift〉と言っていましたが、後に「ステップ」というようになりました。

フォーカシング

　もともと《フォーカシング》という言葉は、ジェンドリンが《体験過程》理論を論じるなかで、人間が変化するときの現象として使ったものです。技法としてのフォーカシングに対して、人間のなかで生じている現象を指す言葉としてのフォーカシングを「現象としてのフォーカシング」と呼ぶ場合があります。

フォーカシングとは

　ロジャーズとの共同研究の発展から、体験過程レベルの低い人はカウンセリングをおこなっても成功する可能性が低いことが明らかになりました。それでは、カウンセリングをおこなう前に体験過程レベルを上昇させるような訓練をおこなうことはどうでしょうか。すなわち自分のフェルトセンスに注意を向けて、そこからゆっくりと自分の気持ちを表現するような、注意の向け方と話の仕方を練習するということです。

　《フォーカシング》は、そのような練習の技法として開発された側面があります。現在では、カウンセリングや心理療法の訓練方法として、またセルフヘルプやピアサポートの方法として使われています。

　もうひとつの方向性は、カウンセリングのなかにフォーカシングで開発された技法を組み込むという発想です。この発想は〈体験過程療法〉と呼ばれ、後には〈フォーカシング指向心理療法〉と呼ばれるようになりました。この流れは、ロジャーズの理論だけでなく、さまざまな理論や技法を《体験過程》理論のなかに統合するというものです。

フォーカシングの原理

　《フォーカシング》の原理はとてもシンプルなものです。Figure 3.1 に示したように、〈フェルトセンス〉に注意を向け、そこから言葉を出し、出てきた言葉をフェルトセンスに照合するという作業が繰り返されるだけのものです。これさえ理解していれば、さまざまな素材や技法をフォーカシングのなかで用いることができます。

　フォーカサーとリスナー　フォーカシングをする人を〈フォーカサー〉、

フォーカサーの話を聞く人を〈リスナー〉または〈ガイド〉と呼びます。フォーカサーはカウンセリングにおけるクライエントに相当します。リスナーはカウンセラー側です。リスナーは、話を聞く作業が中心なのに対して、ガイドは、フォーカサーのプロセスがうまく進むように、より積極的に関わるという意味あいを持っています。

フォーカシングを始める前に フォーカシングは一人でも可能ですが、最初は経験のあるガイドに話を聞いてもらいながらおこなうのが簡単です。落ち着いた静かな場所に座ります。目を閉じても、開けたままでも可能です。椅子の位置や角度は居心地がいいでしょうか。相手との距離が近すぎたり、遠すぎたりしていたら、少しずらして調整しましょう。椅子を動かしてみて、「このくらいがちょうどいいかな?」と、自分のフェルトセンスに聞いてみながら、よい位置を探してみましょう。

フォーカシングの手順

フォーカシングの方法にはさまざまなものがあります。ここでは、ジェンドリンの示した方法をもとに説明します。Lはリスナーのインストラクション（教示）や発言、Fはフォーカサーの発言です。

1．**空間をつくる** 気になっていることを整理して、ゆったりと感じられるようなこころのなかの空間を作ります。

L 『いま、自分のなかでどんなことが気になっているかなあって、自分自身に問いかけてみて、どんなことが出てくるか待ってみてください。なにか出てきたら教えてください。』

F 『はい、ひとつ出てきました。』

Keywords
リスナー　ガイド　インストラクション　教示　空間をつくる

L 『ひとつ出てきたんですね。「あぁ、これが気になっているんだなあ」って確認して、それを横に置いておきましょうか。…置けたら、「ほかに、なにか気になるかなあ」って、聞いてみてください。』

　出てきた気がかりなことに深入りせず、「あぁ、これが気になっているんだ」と確認だけして脇に置きます。ある程度気になっていることが整理できたら、次に進みます。

　2．フェルトセンス　気になっているもののなかから、ひとつを選んで感じてみることができます。気がかりなことを思い浮かべたときに何を感じるか、注意を向けてみます。

L 『気になっているもののなかから、どれかひとつ選んでみてください。そのなかに入り込んでしまわずに、その気がかりを眺めて、そのことを思い浮かべると、どんな気分になるでしょうか。…胸やおなかのあたりは、どんな感じがするでしょうか。』

　からだで漠然と感じているもの（フェルトセンス）が既にある場合は、そのフェルトセンスから始める方法もあります。

L 『いま、からだでなにか感じていますか？』

F 『はい。おなかのあたりに暖かくて、丸くて、少し重いような、ズーンとくるような感じがします。』

L 『そのおなかの感じを、ゆっくり味わうことができますか。』

　3．ハンドルをつかむ　ハンドルとは、カバンの持ち手（取っ手）のようなものを指します。〈フェルトセンス〉は、あいまいでかすかな感覚のため見失いがちです。フェルトセンスにとりあえずなにか、フェルトセンスを表現する"言葉"をつけてみます。これが〈ハンドル〉です。ハンドル（カバンの取っ手）を持ち上げればカバン全体が持ち上がるように、

ハンドルがあればフェルトセンスを見失いにくくなります。

L 『いま感じているものに、なにか仮に名前をつけてみましょうか。どんな言葉があてはまりそうですか。ピッタリでなくてもいいので、なにか思い浮かんだら教えてください。』

F 『うーん、「落ち着かない」っていう感じですかね。』

L 『「落ち着かない」っていう感じが出てきたんですね。』

4．共鳴させる　出てきた〈ハンドル〉がピッタリかどうか、その"言葉"をからだのなかに響かせるような感じで、照合させます。

L 『その「落ち着かない」っていうことばを響かせてみましょう。「落ち着かない」でピッタリくるでしょうか。』

F 『うーん…少し…違うかな…うーん…』

L 『ゆっくり、確かめていいですよ。違う言葉が浮かんで来たら教えてください。』

F 『うーん…「落ち着かない」はちょっとずれるなあ…うーん…「気持ちが定まらない」っていう感じかなあ…』

5．尋ねる　〈フェルトセンス〉に声をかけてみます。以下の言葉をひとつ投げかけて、どんな答えが"からだ"から返ってくるか待ってみます。変化がなければ2.に戻って、もう一度「いまからだは、どう感じているか」を確かめるところから始めます。

L 『その「気持ちが定まらない」っていう感じは、どこから来てるんでしょうかね。』

L 『この感じのもっと奥にあるのは、どんな感じでしょうか。』

L 『その感じは、何が必要だと思っているんでしょうね。』

L 『どんなことが起こったらいいなあと感じているんでしょう。』

6. **受け取る** 何かが出てきたら、何であれ歓迎します。出てきたものをゆっくり味わいましょう。

F 『あぁ、「定まらない」じゃなくて…気持ちが…いろいろ…あるんだって…いうこと…ですよね。うん。そう。いろいろあって…いいんじゃないかって。うん。そうです。うん。…あぁ、「定まらない」って最初に思ったときは、「定まらないのが嫌だな」って感じがあったんですけど、「何が必要だと思っているんでしょうね」って言われて、「定まらないほうがいいんだ」って…そう。そのままでいいんですよ。』

最初は「定まらない」ことが不快でした。それが「定まらない」ことが問題ではなくて、「気持ちがいろいろある」ことが望ましいという気づきにつながっています。

フォーカシングでは、日常生活で具体的に何が生じていたかといった内容を語らなくても、現実の世界が特に変わらなくても、問題が問題でなくなったり、問題に対する感覚がガラリと転換することがあります。

自分のなかの内的関係

フォーカシングは一人でも可能な技法です。フォーカシングのなかでのカウンセラー・セラピストの存在は、どう位置づけられるでしょうか。

フォーカシングとロジャーズの中核三条件の関係 ジェンドリンは、フォーカサーのなかに「クライエントとしての存在〈フェルトセンス〉」と「セラピストとしての機能」が存在しているといいます。フォーカサーのなかのセラピストが、フォーカサーのなかのクライエントである〈フェルトセンス〉に対してパーソンセンタードな態度(すなわちロジャー

ズの中核条件)をとることが重要だと主張します。

　フォーカシングでは、なにか不快な感じが出てきたときには、その〈フェルトセンス〉から目を背けたり、拒否することが起こりがちです。

　ガイドは、そのようなフォーカサーに代わって、〈フェルトセンス〉を拒否せず、フェルトセンスの側はどのように感じているのかを理解しようと促します。フォーカサーのなかのフェルトセンスに対して、無条件の積極的関心と共感的理解を持って、ともに居続けることによって、フォーカサー自身が、自分のフェルトセンスに対しても、共感的・受容的な態度をとりやすくするという役割です。

　ロジャーズのいう"一致"は、「自分のフェルトセンスを尊重し、そこから発せられる言葉や態度が、みずからのフェルトセンスと矛盾していないこと」だといえます。フォーカシングの実践は、クライエントが"一致"に向かうというセラピーの目標でもあるとともに、セラピストはみずからがフォーカシングをおこなうことによって、より"一致"した存在になるということです。

　このように、《体験過程》理論や《フォーカシング》はPCAの態度と不可分な関係にあることがわかります。

フォーカシング指向心理療法

　《フォーカシング》技法を大きく拡張するきっかけになったのが、夢の解釈にフォーカシングを応用する〈夢フォーカシング〉です。ジェンドリンの理論と技法は、ロジャーズとの共同作業のなかで生まれたので、《フォーカシング》も、当初はロジャーズのカウンセリングに近いものだったと思われます。一方ではロジャーズの理論も、精神分析的な

Keywords
クライエントとしての存在　セラピストとしての機能　夢フォーカシング

コラム8

クリアリング・ア・スペース

　〈クリアリング・ア・スペース clearing a space〉は、フォーカシングの手順の最初の段階として作られた「空間を作る」技法です。
　"からだの感じ"が強すぎて、巻き込まれてしまいそうなときは、"感じ"から間をとることが有効です。感情に圧倒されているときは、〈フェルトセンス〉ではなくなって、"あいまいで豊かな感覚"が感じられなくなっています。気がかりを整理することによって、心の余裕が生じます。
　当初はフォーカシングの準備作業でしたが、この作業がなかなかできない場合もありました。つらい気持ちが前面に出ていて、なかなか整理ができないフォーカサーに対して、時間をかけて丁寧におこなったところ、これまでにない解放感や、自分の普段感じていなかった、より「奥」の感覚に気づく人も出てきました。この作業だけで臨床的に価値のある変化が生じた人もいました。
　気がかりなことが浮かんできたら、「あぁ、これが気になってるんだな」と"認める acknowledge"作業をします。この"認める"とは、嫌な感情などが出てきたときに、そのなかに入り込んでしまわないことはもちろんですが、逆に否定することもしないという態度です。自分自身に対して優しく接し、「それにはどんな雰囲気が漂っているかな」と軽く感じるだけにします。
　気がかりなことが出てきたら、イメージのなかで、どこかに"置く"ことを試してみます。"置く"のはどこがいいか、どのくらいの距離がいいか、どんな入れ物がいいかなどと試してみます。"置く"とからだの感じが軽くなることが多いです。
　この作業を充分におこなったときには、気がかりなものの背後にある「背景感覚（バックグラウンド・フィーリング）」に気づくことがあります。この背景感覚も"置く"ことができると、これまで生きてきたベースとなっていた感覚から自由になれるために、大きな解放感を得る場合もあります。

（田村隆一）

伝統からくる雰囲気も残ったものでした。ジェンドリンも「体験的応答」という論文〔Gendlin, 1968〕で、どのような"解釈"が有効かを論じています。

夢の解釈とフォーカシング

ジェンドリンはその後、夢の"解釈"をフォーカシング的におこなうという方法をまとめ、『夢とフォーカシング Let Your Body Interpret Your Dreams』〔Gendlin, 1986〕を出版します。フロイトやユングが発展させた「夢の解釈」という精神分析学的伝統に挑んだものです。

夢の理論にはさまざまなものがありますが、ジェンドリンは「それぞれの夢の理論は、相互には相いれない部分があっても、各理論は何らかの有効性をもつ」と考えました。そして、夢の解釈は、何かが正しい解釈だから治療的効果があるのではなく、解釈がクライエントに対して有効に作用した場合にのみ効果があると主張します。

フロイトの夢解釈では、無意識に抑圧されたものが意識に上がってこようとする際に「検閲」が為され、夢の内容が変形させられると考えます。夢の内容から「検閲前の無意識」を探り出そうとするのが、フロイトの発想です。

ジェンドリンは、ある"解釈"をおこなっても、それがクライエントに対して何ら変化をもたらさないのであれば意味がないのだから、逆方向から"解釈"の有効性を定義しました。すなわち、「ある解釈をしたときに、クライエントの体験過程が推進 carrying forward したときに、その解釈が有効であったと判断する」というものです。これは、フォーカシングの理論を精神分析的な解釈の技法と統合するものでした。

夢フォーカシングでは、夢の一部あるいは全体に対して、"解釈（質問）"を投げかけます。解釈は、押し付けるのではなく「質問」のかたち

Keywords
解釈　『夢とフォーカシング』　精神分析　夢の解釈　検閲

で、「その解釈を示したときに、なにか"からだ"に変化が生じるか」を試すものです。次頁に〈夢フォーカシング〉の質問早見表を示します【Table 3.2】。これらをフォーカサーに示して、変化が生じれば有効だったと判断するのです。フロイトの理論であれ、ユングであれ、パールズのゲシュタルト療法の技法であれ、何でもフォーカシングという基盤のもとに"解釈"を試すという画期的なものでした。

フォーカシング指向心理療法への展開

ジェンドリンは〈夢フォーカシング〉で用いた理論と技法の統合の枠組を、さらに夢以外の領域にも広げていきます。どのような理論的枠組や技法であっても、その基盤に体験過程理論を置くことが可能です。これがフォーカシング指向心理療法です。

さまざまな理論・技法の統合 行動療法的なアプローチでは、実際にさまざまな体験をすることが多いのですが、そのひとつひとつのステップにおいてフォーカシング的な確認をおこなうことで、より効果が高まると考えます。

芸術療法に応用する場合では、そこでどのような活動をおこなうか、どのような表現が生まれたかだけではなく、その瞬間瞬間のフェルトセンスの変化に注目することを重視します。また"からだ"を扱う心理療法は、フェルトセンスとほぼ同じ体験を基盤としていますから、フォーカシングときわめて類似した変化が生じます。

このように、一見矛盾するような理論や、目的の異なる技法であっても、〈フォーカシング指向心理療法〉では統合することが可能になり、臨床的な選択肢が大幅に増えます。

第 3 章　体験過程理論とフォーカシング

Table 3.2　質問早見表

1	何が心に浮かんできますか 　夢について、どんなことを連想しますか。
2	どんな感じがしますか 　夢の中でどんな感じがしましたか。その夢全体の感じを感じてください。生活の中で、どんなことがその感じに近いでしょうか。
3	きのうのことは 　(昨夜の夢) きのう何をしましたか。(以前見た夢) 夢を見たころに、何がありましたか。
4	場所は 　夢に出てきた主な場所から、何を思い出しますか。そういう感じのする場所はどこでしょうか。
5	夢のあら筋は 　夢のあら筋を要約してください。生活の中でどんなところがその話に似ているでしょうか。
6	登場人物は 　この人から何を思い出しますか。からだはどんな感じがしますか。
7	それはあなたの中のどの部分ですか 　登場人物があなたの心のある部分を象徴していると仮定してみましょう。 　その人のような性格や気持ちが自分の一部としたら、どう感じますか。
8	その人になってみると 　夢の登場人物の一人 (あるいは夢の中に出てきた物、動物) になってみましょう。 　イメージの中でその人 (物、動物) になってみましょう。 　その人 (物、動物) は、何が言いたいでしょうか。どんな気持ちでしょうか。
9	夢の続きは 　夢の最後か重要な場面を思い浮かべましょう。 　そして、そのまま待ってみましょう。次にどんなことが起こるでしょうか。
10	象徴は 　夢で出てきた物や人が何かの象徴だとしたら、どういう感じがするでしょう。
11	身体的なアナロジーは 　夢で出てきた物や人が、あなたのからだの一部を表わしているとしたら、それはどこでしょう。
12	事実に反するものは 　夢の中で目立って事実と違っているのは何ですか。夢と現実とで、感じ方の異なる部分は？。

13	子どもの頃のことは 夢に関連して、子どもの頃のどんな思い出が出てきますか。 子どもの頃に、この夢と似た感じを感じたことはあったでしょうか。
14	人格的な成長は あなたはどんなふうに成長しつつありますか。 あなたは何と闘っているのですか。何をしたいのでしょうか。
15	性に関しては もし夢が性的なものに関連があるとすると、夢は何を言いたいのでしょうか。
16	スピリチュアリティに関しては 夢は、創造的な可能性、スピリチュアルな可能性について何かを語っていませんか。

(ジェンドリン（1986）をもとに作成)

　　PCAの流れとの統合　〈フォーカシング指向心理療法〉は、ロジャーズの研究に参加したジェンドリンが発展させたものですから、パーソンセンタード・アプローチPCAと理論的に近いものです。当初は、教示という「指示的」技法に対する批判や、精神分析的な「解釈」への応用という広がりから、PCAと〈フォーカシング指向心理療法〉を別のものとみなす人たちも存在しました。近年では、再びPCAと〈フォーカシング指向心理療法〉の共通性が理解されるようになりつつあります。

第4章
エンカウンター・グループ

(坂中正義)

- エンカウンター・グループとは
- コラム 構成的エンカウンター・グループ
- テツロウさんの体験
- コラム 出会いへの道
- ファシリテーション
- グループプロセス
- 個人プロセス
- コラム Encounter Groups: First Facts
- 位置づけと意義

1960年代以降、ロジャーズはパーソンセンタード・アプローチPCAを展開してゆきます。その際に重視するようになったのが〈グループ〉であり、それがエンカウンター・グループEGの展開につながります。第4章ではPCAを支える重要なプログラムとしてのEGについて、理解を深めていきます。

　ロジャーズは自身の学生体験、教員体験から、〈グループ〉での話し合いや学びの重要性について、早くから気づいていたようです（序章を読み返してみましょう）。グループ構成員が対等に尊重される関係のなかで、おたがいに刺激し合い、学び、成長していくということをグループの意味として実感していたのでしょう。とはいえ、この時期の彼の関心事は心理療法・カウンセリングが中心であり、〈グループ〉もそのかかわりにおいての展開です。

　EGのひとつの起源は、シカゴ大学時代のグループを活用したカウンセラー養成ワークショップ・プログラムといえるでしょう。

　同時期、社会心理学者のレヴィンもTグループを発展させています。これは人間関係のトレーニングのための〈グループ〉で、当時「感受性訓練」ともいわれました。

　こういった〈グループ〉実践は、1960年代アメリカで起こった人間性回復運動として爆発的に広がっていきます。このようなグループは「集中的グループ経験」とよばれています。集中的グループ経験とは、心理的成長や教育を目的として集中的におこなわれるグループ体験をさします。

　ちなみに「治療」を目的におこなわれるグループは集団精神療法とよばれます。EGは治療を目的としているわけではないので、パーソンセンタード・グループ・セラピーではありません。なお、集中的グループ経験と集団精神療法をあわせてグループアプローチとよんでいます。

Keywords エンカウンター・グループ　Tグループ　人間性回復運動　集中的グループ経験　集団精神療法

Keywords

出会い　ファシリテーター

エンカウンター・グループとは

　ロジャーズはエンカウンター・グループ EG を「経験の過程を通して、個人の成長、個人間のコミュニケーションおよび対人関係の発展と改善の促進を強調する集中的グループ経験」〔Rogers, 1970〕と述べています。
　この説明は、今日のEGを考えると、やや広い気がします。これまでになされたさまざまな定義を勘案した坂中〔2012a〕をふまえ、ここでは以下のように定義しています――「自己理解や他者理解を深めるという個人の心理的成長を目的として、パーソンセンタード・アプローチの基本的視座を持つ1～2人のファシリテーターと10人前後のメンバーが、集中的な時間の中で各人が自発的・創造的に相互作用を重ねつつ、安全・信頼の雰囲気を形成し、そこで起こる関係を体験しながら、率直に語りあい聴きあうことを中心に展開するグループ経験である」。

　目　的　エンカウンターとは「出会い」をさします。この出会いには、三つの意味が込められています。ひとつは自己との出会い(自己理解)、ひとつは他者との出会い(他者理解)、ひとつは自他との出会い(自己理解、他者理解を積みかさねることにより、深く親密な関係を体験する。いわゆる「本当の意味でわかりあえた」「出会えた」という体験) です。こういったことが起きることを期待してEGはおこなわれます。自他との出会いは自己理解・他者理解が深まることにより、結果的に起こるともいえ、上の定義では自己理解・他者理解にしぼっています。
　ファシリテーター　ファシリテーターとは促進者です。「世話人」という言い方をすることもありますが、たいていはそのまま〈ファシリテーター〉と呼ばれます。ロジャーズがクライエントという用語を使う

第4章　エンカウンター・グループ

ようになったことを思い出してください。「クライエント自身に力があり、そこに寄り添う」という関係のあり方が、クライエントという用語に込められています。同様の意味を込め、リーダーやトレーナー、指導者でなく〈ファシリテーター〉という用語を使っています。さらに「ファシリテーターはメンバーの一員で、メンバーとしても参加している」という立ち位置も、独特といえるでしょう。なお、EGはロジャーズ理論がベースになっているので、ファシリテーターも、ロジャーズ理論を軸にしている人が多いです。ファシリテーターについては、のちに詳しく述べます。

　グループの構成　これは先の定義のとおりです。ファシリテーターが複数いることもあるのは、グループを複眼的に理解できることや、ファシリテーターどうし、お互いにサポートし合えるというメリットがあるからです。1グループのサイズは10名前後で、それよりも多い場合は、2グループに分けて並行しておこなうのが常です。複数のグループを並行しておこなう場合、全体で集まるコミュニティ・セッションがもたれることもあります。

　スケジュール　集中的な時間とは、三日間や四日間の日程（宿泊を伴うことが多い）で、1.5〜3時間のセッションを一日3セッション程度重ねていくことをさします。後述しますが、グループの展開にはある程度の時間が必要です。それが、このような日程に反映されています。日程の長さにはいくつかのバリエーションがあります。一日のみというものから一週間近く日程をとるプログラムもあります。

　グループのすすめ方　何をするかをファシリテーターがあらかじめ決

Keywords: 構成　コミュニティ・セッション　スケジュール　すすめ方

め、それに従って進めていくのではなく、メンバーひとりひとりを大切にしながらみんなでどうするか決めてゆくことをしっかり体験してゆきます。定義にある「メンバーそれぞれが自発的・創造的に相互作用を重ねつつ」というのが、ここにあたります。

　各セッションは、目に見えるかたちとしては「語る／聴く」というやりとりで展開してゆきますが、各メンバーの動きは自発性に任されています。そのようなセッションを重ねるなかで、グループに「安全・信頼」の雰囲気が形成され、自己理解や他者理解を深めるという個人の心理的成長や、自他との出会いといった体験が促進されます。

バリエーション

　以上が、もっともオーソドックスなEG（ロジャーズが「ベーシック・エンカウンター・グループ」と表現したもの）の概要です。しかし、EGにもいくつかのバリエーションがあります。

　集中／継続　週1回2時間前後のセッションを3ヵ月続けるなど、継続的な日程でおこなうことがあります。子育て支援や同じ病気や問題を抱える人のためのサポートを目的としたグループなどは、このようなスケジュールでの実施が多いです。

　一般（ジェネラル）／研修　オーソドックスなグループは、心理的成長という目的はあるものの、あくまで自発参加を前提としています。しかし、心理的成長を効果ととらえるならば、「研修としてEGを活用する」という発想も当然、考えられます。そもそも、ロジャーズの実践の起源も、カウンセラー養成、すなわちある種の研修でした。研修型エンカウン

第4章　エンカウンター・グループ

Keywords

構成的エンカウンター・グループ　非日常／日常

ター・グループの実践も、対人援助職のフィールドでは多くおこなわれています。

　研修型のグループの特徴としては、メンバーの参加が必ずしも自発的ではないことがあげられます。また、「研修」という発想と「パーソンセンタード・アプローチ PCA」の発想の齟齬が、研修主催者の意図と実施者（すなわちファシリテーター）の意図のズレというかたちで表面化するという課題もあります。

　非構成／構成　オーソドックスなグループは、ファシリテーターがあらかじめプログラムを決めるのではなく、メンバーひとりひとりを大切にしながらみんなで決めてゆく、というかたちで展開していきます。このような形式を「非構成的グループ」と呼ぶことがあります。しかし、研修目的でグループを実施する場合、さまざまな問題から、ファシリテーターのほうであらかじめ何をするかを決め、メンバーはそのプログラムを体験してゆくというかたちで実施されるグループもあり、このような形式を「構成的エンカウンター・グループ」とよぶことがあります【コラム9】。

　非日常／日常　オーソドックスなグループは日程が集中であることから、日常の喧噪から離れた保養地を会場にすることが多いです。このような非日常的空間は、グループに集中しやすいというメリットがあります。しかし、日常との連続性のなかでも、自身のありようを見つめなおすことも可能ですし、それはまた、グループの違った可能性に光を当てることになります。日常に近い環境、都市部の公共研修施設やホテルなどでおこなわれるEGも増えています。

コラム9

構成的エンカウンター・グループ

　「構成的」とは、そこでおこなわれるプログラムがあらかじめファシリテーター（リーダーと呼ぶこともあります）によって構成されていることをさします。メンバーは、用意された心理的成長を目的としたエクササイズやワークと呼ばれるものを中心に体験していきます。

　エクササイズやワークは、そのねらいややり方が明示されており、時間的なコントロールもしやすいため、主に学校教育現場を中心に普及していきました。非構成のグループはメンバーは自発参加が基本ですが、グループが教育や研修に用いられる場合は、メンバーは必ずしも自発参加とはいえず、また、このような目的でおこなわれる場合、効率化（日程が短期間化、参加者数の増大など）によって、非構成の良さが十分にいかせないという課題もあります。そのような背景から、パーソンセンタード・アプローチPCAを軸としたグループ実践家も、このようなフィールドでは構成的なエンカウンター・グループの実践をおこなっています。

　「構成的」なグループ実践家は折衷主義をとることも多いですが、PCAを軸としたグループ実践家は、そこを貫くパーソンセンタードな基本仮説を重視します。構成／非構成は「技法」上の問題で、大事なのは「態度」です（序章の指示-非指示問題を思いだしてください）。同じ「構成的」なグループでも、実践の背景が違えば、グループの雰囲気・動きもずいぶん違ってくるでしょう。このあたりは坂中（2012b）や坂中（2017）を参考にしてください。

（坂中正義）

第4章　エンカウンター・グループ

テツロウさんの体験

　ここでは、具体的にイメージアップできるよう、あるエンカウンター・グループEGの参加者、テツロウさんの体験を素描していきます。

　山奥の小さな駅にテツロウさんはやってきました。その駅から歩いて20分くらいのところに緑に囲まれたひなびた温泉宿があります。そこが会場です。テツロウさんは、今日に至るまでのいくつかの出来事を思い浮かべたり、これからどんなことが起きるのだろうと考えながら、旅館へと歩いています。

　旅館に到着すると、宿泊部屋と和室に案内されました。和室がセッション部屋です。今回参加者は5人（テツロウさん、コダマさん、ツバメさん、ヒタチさん、ミズホさん）とのことです。

　オリエンテーション　時間になるとオリエンテーションが始まりました。ファシリテーターはメイコさんとカレチさんです。EGについての説明、特に「ファシリテーターから何か提示するのではなく、メンバーひとりひとりの気持ちを大切にしながら、みんなで作っていくグループ」が印象に残っています。その後、生活上の注意事項などの説明があり、最後に、参加前の気持ちや動機を用紙に記入しました。テツロウさ

Table 4.1　このエンカウンター・グループの日程

	9:00	10:00	11:00	12:00	13:00	14:00	15:00	16:00	17:00	18:00	19:00	20:00	21:00
1日目						オリエンテーション	セッション1					セッション2	
2日目		セッション3				セッション4	セッション5				セッション6		
3日目		セッション7				セッション8	まとめ						

Keywords

んは「カウンセラー志望だけど、自分は向いているのか不安な気持ちがある。大学の指導教員から興味があるなら出てみてはと勧められて、初めてグループに参加した。不安はあまりなく、どんな体験になるか楽しみにしている。」と記入しました。

セッション1　少しの休憩を挟み、カレチさんが『時間になりました。セッション1です、よろしくお願いします』と開始しました。その後、特に発言はありません。「本当にさっきの説明どおりだ」とテツロウさんは妙に納得しました。戸惑っているメンバー、コダマさんと目が合い、ちょっとクスッとしてしまいました。コダマさんも初めて参加したようです。『自己紹介でもしませんか?』とコダマさん。コダマさんは現在フリーターとのことです。他のメンバーも自己紹介をします。テツロウさんもしました。ミズホさん以外は。コダマさんがミズホさんにふってみると『わたしは自己紹介はしたくありません』と一言。テツロウさんはそれをきいてちょっとびっくりしました。

　自己紹介が一段落するとしばらく沈黙。その後、散発的に仕事の話や出身地の話をするメンバーもいましたが、カレチさんが『時間になりましたので、このセッションはここまでということで…』と、終了を告げました。

　――次のセッションまでに、入浴と食事をすませます。露天風呂にカレチさんがいたので、テツロウさんはいつもこんな感じで始まるのかきいてみました。『いろんなかたちがあるよ』と言ってにっこりされました。夕食は山の幸中心の豪華なもので、大満足でした。

セッション2　ヒタチさんが中心でした。無農薬栽培を中心とした農業を営まれています。卵が自慢ということで、ゆで卵の差し入れがあり

ました。ただ、家族にはいろんな意味で迷惑をかけており、その事だけは申しわけないと話されます。
　——セッション終了後、宿泊部屋が同じコダマさんと一緒にゆで卵と乾き物で軽く一杯ひっかけて寝ました。翌朝、朝風呂ののち、朝食をいただきました。体調良好でセッションに臨みます。

　セッション3　二日目ということもあり、昨日一日をふりかえっての感想などが語られます。ヒタチさんがミズホさんに自己紹介を拒否した違和感を伝えます。コダマさんも『自己紹介はききたかった』と。グループに緊張が走った場面でした。
　メイコさんが『ミズホさんの自己紹介したくなかったことについて、少し語れそうなことはある？』と声かけすると、久々にグループに来れたこと、その余韻を楽しみたかったこと、ここでは自分の内側からの声を大事にしたいので、あそこで自己紹介してしまうのは抵抗があったことが語られます。ヒタチさんから『ミズホさんにとってのグループは？』とか、コダマさんから『自分の内側からの声って？』という問いかけがありもしましたが、テツロウさんは「あの時はそういう気持ちだったのか」と納得し、『僕も気にはなっていたけど「あの時はそんな気持ちだったんだ」と教えてもらえたので、納得？　安心？　しました』と伝えました。
　——昼食は自由行動です。ツバメさん、ヒタチさんと山菜そばを食べに行きました。

　セッション4　コダマさんが、せっかくいい天気だし、みんなで散歩してみるのはどうだろうと提案します。散歩は休憩時間に出来るからなど、各メンバーが思いを語り、セッションの半分の時間を費やします。

結局、思い思いに過ごすこととなりました。テツロウさんは川縁を散策しましたが、途中、ミズホさんやヒタチさんと個別に会話を交わしました。

セッション5　散策はテツロウさんにとってリフレッシュとなり、思い切って自分を語ってみることにしました。――『大学の実習のなかで「自分は人に比べて共感性が低いなあ」って感じている。そんな自分はカウンセラーに向いていないのではないかと不安になっている』。ツバメさんがおだやかに『共感性が低いって、具体的には?』と促してくれたので、相手の語られる気持ちについては理解できるけど、背後の気持ちは十分に感じとれないこと、そこを友人達はしっかり感じとれること、などを語りました。

『友人と比べる必要あるのかなあ』っとコダマさん。『確かに。比べてというのはきっかけで、自分に自信がない感じ』とテツロウさん。『もっと語っている人をしっかり理解したい、でも自分にそれが出来るんだろうかって自信が持てない』とツバメさん。

ヒタチさんから『カウンセラー志望の動機をききたい』と言われ、自分の感じていることを確認しながらゆっくりと言葉にしてゆきました。『心理学を勉強したかった。自分を知りたかった。人間を知りたかった。学ぶうちにカウンセリングには人間の希望を感じていたんだと思う。それでもっと深めたいと思っているのだと』。人間の希望を感じているというのはテツロウさんにとって今語りながら気づいたことでちょっと新鮮な体験でした。

『その感じは自分にも近いものがある』とツバメさん。『自信ないと仕事って出来ないのかなあ。自分なんて自信ないまま何とかやってる感じがする』とヒタチさん。『自信持ってるカウンセラーってちょっと抵抗

を感じる』とミズホさん。続けて『セッション3の声かけは大切にしてくれた感じがしてすごくうれしかった』と。

　テツロウさんはメンバーが自分を受け入れ、支えてくれてるように感じ、そのことを伝えました。少し時間をとって、今のやさしい感じを味わうなかで、自分に対してもやさしい気持ちが湧いて『学びたいという気持ちを大事にしていい気がしてきた』と伝えます。その時のメンバーの笑顔が心に残っています。

『ここまでの発言、すごく真摯に向き合っている感じで、テツロウさんがとても近く感じる』とカレチさん。このあと、コダマさんがヒタチさんに『あれだけ農業について熱く語っているのに自信ないの？』と突っ込んで、一同爆笑します。それをきっかけに数名のメンバーが仕事上のシビアな失敗体験をユーモラスに語り、笑いあいました。

　──セッションの余韻に浸りながら温泉に入っていたら、夕食の時間にちょっと遅れてしまいました。

　セッション6　　ミズホさんが自らを語ったセッションでした。体調が優れない時期を抱えて大変だったことや、これからの人生に対する構えについて、グループのなかで考えたことなどが語られます。メイコさんもミズホさんに刺激され、自分の今後の身の振り方について考えていることを語られました。いずれの語りにも、メンバーは真摯に向き合っていました。

　──セッション終了後、和室で自由参加のパーティをすることとなりました。一杯やりながら、ツバメさんやメイコさんと、カウンセリングについての話をしました。

　セッション7　　ツバメさんはグループのなかでも丁寧に人の話を聴く

Keywords

という印象がテツロウさんにはあり、話をきいてみたかったため、声をかけてみました。ツバメさんからは話をきくことをとても大切にしていること、昔は全く話をきいていなかったことなどが静かに語られます。

コダマさんからは、フリーターは正直不安だけど、自分の腕を活かした仕事に就くための大事なステップで何事も勉強だということ、ヒタチさんからは、自分の親への葛藤が今の仕事へのこだわりにつながっていることなどが語れました。

―― 昼食はみんな一緒にということで、旅館でとりました。その後、ひとりで散歩を楽しみました。

セッション8　最終セッションです。静かな沈黙が続くなか、ぽつりぽつりとメンバーがこれまでの感想を述べます。テツロウさんも三日間の体験を振り返り、自分なりにやっていきたいと思えたことを伝えます。コダマさんから『がんばれ！』と声かけ。テツロウさん『ありがとう』。

残り20分くらい。ちょっとした間の後、メイコさんがミズホさんに『今どんな気持ちか、よければきかせて』と声をかけました。ミズホさんはその声かけに少し涙ぐみながら『このまま、静かに終わりたい……受け入れてもらったこの余韻を大切にしたいから。でも、その気持ちは伝えたかった……。声をかけてくれてありがとう……。みなさんありがとう』……。ファシリテーターの二人も、この三日間をふりかえった感想を語りました。残り5分、静かな心地よい沈黙。川のせせらぎや鳥のさえずりがきこえてきます。テツロウさんはそれらに耳を傾けながら、心地よい、名残惜しい感じを味わっています。カレチさんから『時間になりました。どうもありがとうございました』の声。これで全セッションが終了しました。

第4章　エンカウンター・グループ

まとめ　　グループ終了時の感想などを記入する用紙が配布されました。テツロウさんは「向いているかどうかに拘りすぎていた自分がみえてきました。今は学びたい気持ちがあるのだからその気持ちを大事にしていき、いつでも方向転換は出来るのだからと思うようになりました。それに『人に寄り添うとはどういうことなのか』『話をきくって、どういうことなのか』も感覚的に理解できた感じがします。貴重な三日間でした」と記入しました。いくつかの留意点などの説明などがあったのち、終了となりました。

名残惜しさもあり、なかなか会場を後にしたくない気持ちもありましたが、帰りの列車の時間もあり、皆さんそれぞれに挨拶をしつつ、宿を後にしました。心地よい充実感を味じわいつつ、用紙に記入した気持ちを再確認しつつ、列車にゆられ、下宿に戻りました。

EGの実際がどのようなものかイメージできたでしょうか？　序章で紹介した『出会いへの道』【コラム10】などのEGの記録映像も、その実際を知る上で役に立つでしょう。

ただ、テツロウさんの体験も記録映像も、EGの実際の一例であり、かつ、みなさんにとっては、間接的な情報にとどまります。EGを知るにはEGを直接体験するにまさるものはありません。ぜひ、ご自身で、EGに参加していだければと思います。

ファシリテーション

ファシリテーターについてみていきましょう。ファシリテーターだけ

コラム10

出会いへの道
～ロジャーズのEGを観よう！～

　16時間の「週末ベーシック・エンカウンター・グループ」が編集されたものです。原題Journey into Self。YouTubeで検索してみてよう！　日本語吹き替え版タイトルは『出会いへの道』〔1968〕です。

　ファシリテーターは男性2(1人がロジャーズ)。メンバーは男性4、女性4(ビジネスマン3, 牧師1, 主婦2, 教師1, 校長1)。映画を観て誰が誰か当てるのも一興。スケジュールは金曜の夜、土曜の朝と夜、日曜の朝と昼の5セッション、1セッション2時間半－4時間。

　映画では四人に焦点が当てられています。猫を愛するベス(#(セッション)2)、可憐さの仮面をつけたロズ(#3-5)、感情を圧し殺したジェリー(#4)(ロジャーズ(1970)『エンカウンター・グループ』6章「孤独な人」でもとりあげられています)、被差別に深く支配されたカーリーン(#4)。

　プロセススケール〔本書第2章参照〕による段階の評定がおこなわれています。全体として2.5-3.5から4.0-5.5に動いています(段階4が治療過程の分岐点)。右図を右手に映画を観るのもまた一興かもしれません。

　麻薬に関わった人たちの『これが私の真実なんだ Because That's My Way』〔1970〕、北アイルランド紛争をめぐる両派のメンバーからなる『鋼鉄のシャッター Steel Shutter』〔1973〕も日本語字幕で観ることができます。

（岡村達也）

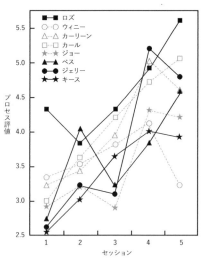

Meador (1971) より引用

でなく、エンカウンター・グループEGのファシリテーション(促進)についても光を当てます。

ロジャーズの記述

　ロジャーズは、1970年に『エンカウンター・グループ』を出版します。EGについての基本書籍です。そこで《ファシリテーター》について、重視する背景の哲学と態度を述べています。それは「グループとメンバーの持つ潜在力を発展させるグループ自体が持つ促進的風土への信頼」「ファシリテーターの発言や行動よりもグループ自身が自らが動いていく方向へのグループの発展を大切にする」「促進者であるとともにメンバーになること」「参加者には感情と認知を両方ともなった参加を願う」とまとめることができます。

　さらに《ファシリテーション》については、具体的に「風土づくりの機能としての注意深く正確、敏感な傾聴」「ありのままのグループの受容」「ありのままのメンバーの受容」「メンバーに対する共感的理解」「自分の内部で起こっていることを信頼して動く」「自分の気持ちを伝えるというかたちでのフィードバックおよび対決」「自身も問題を抱えているときはそれを表明することも重要」「自発性が最も重要であり、あらかじめ計画されたワークは避ける」「ファシリテーターからのグループ・プロセスの解説や注釈は避ける」「メンバーの病的行動に対してもグループの持つ援助的潜在力を信頼する」「自発的な身体表現や身体接触を大事にする」をあげています。

　EGのファシリテーション　ロジャーズの記述で《ファシリテーション》のイメージがだいぶん出来たのではないかと思います。そしてそれ

はやりパーソンセンタードな基本仮説、すなわち、「実現傾向」への信頼とそれが促進される人間関係（必要十分条件）とまとめられそうです（第1章でそれらを再確認してみましょう）。

ただし、対象が「グループ」になったこと、目的が「カウンセリング」ではないことにより、新たに展開した部分があります。そこは押さえておきましょう。

まず、対象がグループになったことに伴う展開。それは、グループ自体を人間と同様、有機体とみなし、グループ自体に実現傾向があるという視点です。第1章で提示した図【Figure 1.5】をEGにおきかえて、簡略化するため俯瞰図であらわすと図【Figure 4.1】のようになります。左は各メンバーへの必要十分条件です。これはメンバーが増えたことによる加算的表現です。右がグループへの必要十分条件です。右も左も相似的な構造になっています。右の個人のなかのいろいろな気持ちと、左のグループのなかのいろいろな人が、相似的位置にあり、いずれに対してもファシリテーターは〈無条件の積極的関心〉と〈共感的理解〉を体験していきます。

ただ、メンバーにおいては常に平等に、かつグループ全体と共にそれ

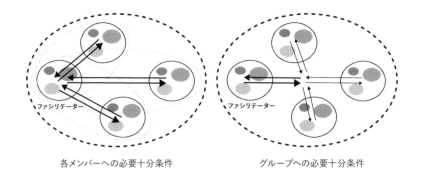

各メンバーへの必要十分条件　　　　グループへの必要十分条件

Figure 4.1　エンカウンター・グループにおける必要十分条件

を体験するのは、なかなか難しいことです。このような点からも、ファシリテーターが複数いることのメリットは感じていただけるでしょう。とはいえ、第1章でも述べたように、必要十分条件は0,1ではなく、程度でとらえるものです。出来るだけそこに近づくように試行錯誤することが重要なのは、カウンセリングと同様です。

　次に、目的がカウンセリングではないことによる展開。それは、ファシリテーターは、ファシリテーターであるとともにメンバーになるという点です。

　カウンセリングでは、カウンセラーはあくまでカウンセラーであり、クライエントになったりしません。クライエントも同様にカウンセラーになることはありません。しかしEGでは、ファシリテーターもメンバーの一員であり、メンバーになろうとします。この言外には、メンバーもファシリテーションを担うということがあります（これについては後述します）。セラピーでは援助する／されるは固定されていますが、EGは、援助（促進）する／されるの両側面を、人によって軽重はあるものの、みんなが体験します。役割上、促進を軸にそこにいるのが、ファシリテーターといえるでしょう。

　これにより〈一致〉における「表明」ないし「伝達」といった側面が、セラピーよりは焦点化されます。他者の援助においては一致の「表明」は副次的ですが、相互的な援助というEGの発想からすると、この「表明」という側面にも目を向ける必要があるでしょう。その意味は重層的ですが、この表明により、メンバーはファシリテーターを自分たちと同じメンバーであると体験することが出来、グループ体験を豊かにします。

　とはいえ、ファシリテーターである以上、その役割から下りることはできません。ファシリテーターはやはりファシリテーターであり、グ

ループのファシリテーションに資するかという観点から、「表明」についての「内的対話」、すなわち本来的な意味での〈一致〉が問われたうえでの「表明」である、ということもポイントです。

> ### 態度、関わり・視点、技法

　このような態度を自分なりにどう充実させていくかが、ファシリテーターの態度としての《ファシリテーション》です。パーソンセンタード・カウンセリングPCCが技法より態度を重視することと同様です。技法は、態度に支えられてのみ、生きてきます。

　第2章で論じたことと同様、態度と技法の距離感を意識しつつ、態度を具現化する視点・関わりとして大切にしていることを述べます。第2章で述べたこと全てがグループにおいても重要と考えますが、「私見は控えるをベースに」については、「表明」にも目を向け、少し自制・禁欲を緩めていい気がします。加えて以下の三点を挙げたいと思います。

　グループが生み出すものを大切にする　これから何をするか、この状況をどうするかにはじまり、個々の話題についてもメンバーから様々な反応や意見などが出てきます。ロジャーズも述べているように、自発的に生み出されるものは大切にしましょう。

　グループの重心を意識する　グループの重心とはイメージですが、その内実は展開している話題・人物・雰囲気などです。重心は変化しているか否か、重心の陰になっている事・もの・人はないか、などを意識することは《ファシリテーション》を考えるうえで重要です。

　理解の倍率を意識する　メンバー個々人、グループ全体、個人－グループ全体のあいだにも、サブグループという倍率もあります。さまざ

まな倍率からメンバーやグループを理解していくことが大切でしょう。

　態度や視点・関わりに支えられた技法（具体的な介入方法）は生きてきます。ファシリテーション技法の学習としては野島〔2000〕が参考になります。そこでは《ファシリテーション》のねらいとして「グループの安全・信頼の雰囲気形成」「相互作用の活性化」「ファシリテーションシップの共有化」「個人の自己理解の援助」「グループからの脱落・心理的損傷の防止」の5つを挙げ、後述のグループプロセスごとにファシリテーション技法をまとめています。非常に多くの技法が目録化されているので、是非、一読して確認してください。

ファシリテーションはメンバーも担う

　ファシリテーターはグループのファシリテーションを担うのですが、前述のようにファシリテーションはファシリテーターだけが担うわけではありません。メンバーひとりひとりもファシリテーションを担っています。メンバーも他者に対して〈無条件の積極的関心〉や〈共感的理解〉を示すようになりますし、グループの展開の重要なきっかけはメンバーによることが多いです。こういうところに、メンバーの実現傾向やグループの実現傾向の片鱗が見てとれます。このような捉え方も、パーソンセンタード・アプローチPCAならではのものではないでしょうか。

グループプロセス

　次に、エンカウンター・グループEGで起きること（グループプロセス）

に光を当てましょう。ただし、それぞれのEGで起きることは個別固有のものです。すべてのグループで、ここに述べられたことのすべてが起きるわけではありません。

よくみられる15の現象

　ロジャーズは、EGでよくみられる15の現象について説明しています。おおよそは初期にみられるものから順に並んでいますが、後半の記述は、後期に必ず起きるというわけでなく、起き得ることが並記されているという印象もあるので、グループプロセスのモデルというよりは、素朴な現象記述として理解するのがよいでしょう。

　1．模　索　　ファシリテーターは最初にEGの説明はするものの、とりたてて何かを導入はしないことが多いです。このような場面にメンバーはグループの知識のあるなしに関わらず、当惑し、沈黙が起きたりします。そんななか、社交的会話をしたり、自己紹介の提案など、この場をなんとかしようとメンバーそれぞれが模索していきます。

　2．個人的表現または探求に対する抵抗　　模索のプロセスのなかで、自身の内面についての表明を始める人も出てきます。しかし、そのような表明や探求は、日常ではリスクがあるため、あまりされません。故に初期の段階ではそういったことに抵抗を示す人も当然おり、そのようなせめぎ合いが（表明されるかどうかは別にして）起きてきます。

　3．過去感情の述懐　　個人的表現や探求の試みが少しずつ進展して、自身の感情の表明が中心となって展開し始めますが、ここでは自身のこれまで体験したことのシェアが中心となります。これは、この場での体験、いわゆる"今ここ"はなく、"あのとき、あそこ"の感情体験のシェ

アに留まります。

4. **否定的感情の表明**　シェアが進むと、このグループのなかで起きている自身の体験の表明も促されます。その際によくみられるのが、ファシリテーターや他のメンバーへの怒りや批判などの否定的な感情です。このような表明もグループに受け入れられることが、グループの安全性を確認することにもつながり、グループの信頼感が育っていくきっかけともなります。

5. **個人的に意味のある事柄の表明と探求**　グループの信頼感が育ってくると、自分にとって意味のあるグループにしていきたいという動きが促進され、自分にとって意味のあることをいっそう探求し、語り始めるようになります。その語り方も、体験を吟味しつつ、味わいながら語るようになってきます。

6. **グループ内における瞬時的対人感情の表明**　さらに、信頼感が形成されると、肯定（『すごく温かい人だと感じました』など）、否定（『なんか、話し方がイライラさせられる』など）に関わらず、他のメンバーに対して感じたことが表明されるようになります。このようなことを表明しても大丈夫な信頼感があるとともに、これらの表明がグループに受け入れられることが、さらなる信頼感を育てます。

7. **グループ内の治癒力の発展**　個人的に意味のある事柄の表明と探求において当然、悩みや苦痛を感じながら語る人がいます。そのような人に対して、メンバーそれぞれがそれぞれなりの仕方でサポーティブに関わるようになります。

8. **自己受容と変化の芽ばえ**　個人的に意味のある事柄の表明体験は、メンバーにきいてもらうという体験とセットとなり、ありのままの自分を受け入れる動きにつながってゆきます。これは"今ここ"での自分の気持ちにも開かれるということであり、変化に対しても開かれていくよ

うになります。

　9．仮面の剥奪　　ここまでのグループ内でのコミュニケーションにより、グループは"今ここ"のリアルな関係を大切にするようになり、日常的な社交的な仮面、やりとりを減らそうという動きが出てきます。それは、直接的ではげしい場合もあるし、そうせざるをえない事情への共感的接近という場合もあります。

　10．フィードバック　　自由なやりとりのなかで、メンバーから自分についてのフィードバックをもらいますし、自分からメンバーにもおこないます。これを通じて、一層の自己理解とメンバーとの相互理解を深めていきます。

　11．対　決　　フィードバックのなかには、人と人のぶつかり合いといえるような対決が起きることもあります。

　12．グループ・セッション外での援助的関係の出現　　セッション内だけでなく、セッション外でもメンバー同士が援助しあうようになります（たとえば、動揺しているメンバーと休み時間に一緒に散歩するなど）。メンバーが自分の理解、支持、経験、思いやりをいろんな場面で発揮できるようなります。

　13．基本的出会い　　日常よりも遙かに密接で直接的な関係を人々が結ぶなかで体験しうる、相互の存在とふれあう体験が基本的出会いであり、そのような体験が、グループの後期には起きてきます。

　14．肯定的感情と親密さの表明　　メンバーがお互いに感情を表現し、受容される体験を積み重ねると、非常に深い親密さと肯定的感情を持ち合わせるようになります。

　15．グループ内での行動の変化　　ここまで述べてきたような変化が、目に見えるようなかたちであらわれます。たとえば、身振りが変わる、話し方が変わる、感情がこもってくる、援助的関わりが出来るようにな

るなどです。

エンカウンター・グループ発展段階

　EGのグループプロセスのモデル化の試みとしては、村山・野島〔1977〕が有名です。段階を6つに分け、それぞれの段階について「個人の動き」「ファシリテーターの動き」「相互作用のレベル」「グループ形成のレベル」の視点から特徴を記述しています。なお、野島〔2000〕では、段階ⅠからⅢを導入段階、段階Ⅳ以上を展開段階とし、段階Ⅲを超えられなかったグループを、低展開グループ、段階Ⅳ以上展開したグループのうち、段階Ⅴから段階Ⅵを繰り返し体験したグループを高展開グループ、それ以外を中展開グループとしています。最終セッションは終わることがひとつの課題であるため、6段階とは分けてモデル化されています。

　村山・野島のモデルの説明に入る前に、一点だけ補足しておきます。それは導入段階がはじまりから第5セッションくらいまでとされていることです。6段階が正比例的に展開するのではなく、導入段階に丁寧に時間をかけるということに留意してください【Table 4.2】。

　以下、村山・野島のモデルの概要を、筆者の経験も交えつつ、概説してゆきます。

　段階Ⅰ　当惑・模索　　ファシリテーターからの導入があると、メンバーは戸惑い、沈黙がちになります。自己紹介などを試みますが、ひととおりなされると、グループの動きは停滞します。個々のメンバーがバラバラに存在しているような状態です。

　段階Ⅱ　グループの目的・同一性の模索　　沈黙を避けるかのように誰かが自身の関心のある話題を提供し、いろいろな話題について、あるメンバーは話に加わり、あるメンバーは沈黙します。様子見の人もいます。

Keywords

否定的感情の表明　この場への個人的感情の表明

Table 4.2　EGの発展段階(野島 2000を一部修正)

時期	相当セッション	村山・野島(1977)の発展段階仮説	
導入段階	#1-#5頃	段階I	当惑・模索
		段階II	グループの目的・同一性の模索
		段階III	否定的感情の表明
展開段階	最終#の前#まで	段階IV	相互信頼の発展
		段階V	親密感の確立
		段階VI	深い相互関係と自己直面
終結段階	最終#		

#はセッションを表す

発言は一般論的で、その事の発言者にとっての意味や体験はあまり語られません。話題から連想した別の話に移ったりと、表面的なやりとりが中心です。

　段階III　否定的感情の表明　話題レベルで話をしても、グループの居心地のよさは改善しないし、場つなぎも上手くいかなくなると、この状況に対する不満が高まります。その不満が、ファシリテーターや目立つメンバーへの批判や攻撃というかたちで述べられることがあります。また、特定の誰かへの不満としてではなく、状況の居心地の悪さとして語られることもありますし、一見、それとしてわからないような表現に留まることもあります。

　なお、この段階について、それがみられないのに段階IV以上の展開を示すグループも一定数あります。しかしその場合も、段階IIIをバイパスするというよりは、ある種、限定的ではあるけども、この場への個人的感情を思い切って表明するといったことを経ているのではないかと考えます。その意味では段階IIIは「この場への個人的感情の表明」と捉えてもいいかもしれません。

第4章 エンカウンター・グループ

いずれにせよ、この場で感じているリアルな感情を直接・間接的に表面することは、これまでの一般論的な個人的意味の薄いやりとりに比べ、深まりや関わりにつながりやすいです。

段階Ⅳ　相互信頼の発展　段階Ⅲを経ることにより、少しずつグループとしてのまとまりがみえ始め、今までよりもしっかりと時間をとって、自分にとって意味のあることを探求しつつ、語り始めるようになります。相互の関心が高くなり、傾聴したり、率直な気持ちの表明などがなされます。そういったやりとりのなかで、相互の信頼感が育ってゆきます。

このあたりからメンバーのファシリテーターに対する特別視が減り、メンバーの一員として受け入れるようになってゆきます。

段階Ⅴ　親密感の確立　段階Ⅳのやりとりが一段落すると、個人の内面を語るという動きの代わりに、ユーモアや冗談でお互いに笑いを共有するといったことが起きてきます。これは段階Ⅱのような、沈黙を避ける場当たり的ものではなく、相互信頼が育ち、この場への安心感により、リラックスした反応として、自発的に出てくるものです。そのようなことを通じて親密感や信頼感を深めて、グループとしてのまとまりが一層みられるようになります。

段階Ⅵ　深い相互関係と自己直面　"今ここ"の体験にもとづいた率直な自己表明、真摯な傾聴、フィードバック、対決など、いろいろな試みや挑戦がなされるようになります。そのような動きと一とするものとして、「このままでいいのか?」といったグループの展開の吟味などもおこなわれ、グループの雰囲気は引き締まりますが、そのような動きも許容されているという十分な安心感や信頼感も高まってゆきます。

以降の展開　前述した高展開グループは、段階Ⅵが以降続く訳でな

Keywords
相互信頼の発展　親密感の確立　深い相互関係と自己直面

く、段階Ⅵのやりとりが一段落すると、以前より深まった段階Ⅴ'が、その後、同様に深まった段階Ⅵ'がというように展開し、期間が許す限り、これが繰り返されます。

終結段階　最終セッションは、グループの終結段階です。グループへの感想が述べられたり、日常への意欲が語られます。十分に展開しなかったグループは、グループへの不満や物足りなさなども強いため、ファシリテーターはメンバーの体験の一応のおさまりをつけるような関わりを試みます。

個人プロセス

ここでは、参加者個人に焦点をあてて、グループ内で体験されること(個人プロセス)と、エンカウンター・グループ EG 体験がその後その人にどのような影響を与えるかについてみてみましょう。

ロジャーズは、第2章で紹介したプロセススケールを EG に用いた研究を紹介し、グループの展開に伴い、メンバーにおける7つのストランズすべてが進展することを示しました(コラム10もその一例です)。ここから、カウンセリングでクライエントが体験することを、メンバーもある程度体験しているといえるでしょう。

個人プロセスモデル

EG 独自の個人プロセスを仮説化したものに野島〔1983〕があります。そこでは、以下の6つのストランズが提示されています。これらは個人が

グループで体験することでもあり、グループで得られる効果でもあります。

　主体的・創造的探求プロセス　自発的・自主的に、そのグループの進め方、自分と他者との関わり方、自分のあり方を絶えず新たに探し求めていく過程をさします。グループの初期ではメンバーは探求させられる、あるいは探求せざるを得ないといった状態だったのが、グループの展開に伴い、徐々に積極的に探求するように変化します。

　開放的態度形成プロセス　自己・他者・グループについて、気持ち・感情を取りつくろわずに率直に表現するとともに、他者の自分・その人・グループについての気持ち・感情の表現を構えずに率直に傾聴する過程をさします。グループの初期では、メンバーは自己の閉じこもりっがちな状態だったのが、グループの展開に伴い、徐々に自分を開き、個人とグループの成長をめざすように変化します。

　自己理解・受容プロセス　自己について発見・再発見をし、またそのような自己を率直に認める過程をさします。メンバーはグループの展開に伴い、徐々に深い自己理解や自己受容に向かってすすんでいくようになります。

　他者援助プロセス　他者の自己理解・受容、自己変化、自己成長を促進するような言動をおこなう過程をさします。メンバーはグループの展開に伴い、自身の成長だけでなく、他者の成長へも援助的になっていきます。

　人間理解深化・拡大プロセス　人間（他者）についての見方・認識がより深くかつ広くなる過程をさします。メンバーはグループの展開に伴い、これまでよりも深くて広い人間理解を遂げていきます。

　人間関係親密化プロセス　相互の密接で開放的で直接的な関係が深ま

第4章　エンカウンター・グループ

Keywords
主体的・創造的探求　開放的態度形成　自己理解・受容　他者援助　人間理解深化・拡大　人間関係親密化

り、親近感、統合感、連帯感、好感、共存感が強まる過程をさします。メンバーはグループの展開に伴い、これらのことを体験するようになります。

エンカウンター・グループの効果

EGでのこのような体験が、参加者のその後にどのような影響を与えるのでしょうか？

ロジャーズ〔1970〕は、個人の変化として「自己概念の変化」「自己の可能性の実現化」「新しい生き方の選択」などを、人間関係における変化として、家庭内において率直なコミュニケーションがもてるようになったことや、教師が児童・生徒・クラスを尊重し、思いやりと信頼に満ちた学級集団への変革に動き出したことなどを挙げています。また理論的には、第1章でとりあげた「十分に機能する人間」も、EGによって遂げられる人間像といえるでしょう。

このようなEGの影響についての検討は効果研究とよばれ、心理的成長（特に人間性心理学とゆかりの深い自己実現）という視点からは、概ね効果が確認されています。EGの組織的研究としては『Encounter Groups: First Facts』が有名です【コラム11】。

ここでは、参加者へアンケートでEGの効果を検討した畠瀬〔1990〕と、ファシリテーターがメンバーの成長をどのように捉えているか検討した坂中〔2012a〕を紹介します。

メンバーの捉えたEGの効果　EGの終了後に参加者39名にアンケート調査したところ〔畠瀬, 1990〕、多くの参加者が、同僚、家族・知人、仕事・勉強・研究に対する自身の態度の改善をあげていました。具体的には

「他人への理解・尊重・受容の深まり」「自由な自己表明が可能になった」「ありのままの自己の理解、短所を認める、などの自己理解と自己受容」などでした。

ファシリテーターの捉えたEGの効果　ファシリテーター18名に対してEGの効果についてアンケート調査したところ〔坂中, 2012a〕、「意味ある体験を得る」と「心理的成長につながる」の2つにまとめられました。

前者は「対人関係の体験そのものを得る」「否定されない体験」「"今ここ"の体験的理解」などが挙げられていました。

後者は、自分について、自己理解、自己受容、自分のペースを取り戻すなどが、他者との関わりについて、他者理解、他者受容、他者と向き合ってみようという気持ちの獲得、人に対して適度な期待と信頼を持つこと持たれることの悪くないという感じなどが、コミュニケーションについて、話すことや話さないことと、きくことの意味や意義を検討できるなどが、挙げられていました。

位置づけと意義

グループアプローチのOS

ロジャーズのカウンセリング・心理療法へのアプローチは、「効果的なものの共通基盤は何か」を抽出することであったといえるでしょう。それがパーソンセンタード・カウンセリングPCCとして結実したのは前述のとおりですが、これはグループアプローチにもいえます。

コラム11

Encounter Groups: First Facts
～ EGは危ない？ ～

　エンカウンター・グループ EG 全盛期、統制群による効果研究が現れました。『EG──最初の事実』〔Lieberman, Yalom & Miles, 1973〕。前身の一部は、アメリカ集団精神療法学会50年を記念して編まれた古典的26論文集〔Mackenzie, 1992〕に採録されました（ロジャーズ『EG』の3章「EGの過程」の前身〔1967〕もです）。題して「EG被害者の研究」〔1971〕。いささかショッキングなタイトルです。

　大学生が授業として10学派の18グループにランダムに割り付けられ、12週にわたり合計30時間の経験をしました。結果は表の通りです。みなさんはどう読み取りますか？　いろいろ読み取れます。

　EGは良くも悪くも影響します。1/3が肯定的に変化し半年持続、は授業としては悪くないかもしれません。しかし、8％が心理的損傷に遭い、半年後まだ後遺症があります（心理療法の損傷率もこの程度です）。

　ところが、ほとんどのメンバーが肯定的に変化したグループもあれば、1人も利益を得なかったグループもありました。リーダーの学派はリーダーの実際の行動とはほとんど別で、グループの効果は、大部分、リーダーの行動の関数でした。効果的なリーダーシップ・スタイルをとれるリーダーそのひとが大事、ということです。よいリーダーのEGにぜひ参加してみてください。

　簡潔には、ヤーロムの「EGの効果」〔1995, 邦訳 pp.712-720〕をご覧ください。ヤーロムの集団精神療法バイブル『集団精神療法の理論と実際』の初版とロジャーズの『EG』の出版がともに1970年というのも面白いですね。

全サンプルの変化指標（結果の分類）

		被害者	変化否定的	脱落	変化無	変化中	変化大	合計
直　後	参加者	16（8%）	17（8%）	27（13%）	78（38%）	40（20%）	28（14%）	206
	統制群	—	16（23%）	—	41（60%）	9（13%）	3（4%）	69
半年後	参加者	16（10%）	13（8%）	27（17%）	52（33%）	37（23%）	15（9%）	160
	統制群	—	7（15%）	—	32（68%）	5（11%）	3（6%）	47

（岡村達也）

第4章　エンカウンター・グループ

そもそも必要十分条件は個人心理療法に限定されたものではないということを思い起こしてください。エンカウンター・グループ EG で抽出されているファシリテーションやグループプロセス、個人プロセスなどの知見は、EGに留まらず、さまざまな集中的グループ経験、集団精神療法に共通する重要な側面（特に各個人尊重を軸に起きつつ心理的に安全なグループ形成を重視する点）に光を当てていると思います。いわば、グループアプローチのOSのようなものです。このような観点から再度、この章を読み直していただくと更なる発見があるでしょう。

今日的意義

EGは前述のように、アメリカの人間性回復運動とともに発展していきました。この運動には「科学技術の発展や都市化・組織の巨大化などによる人間疎外の状況の打開」という意味がありました。今日の日本において、この状況が改善しているとはいいがたく、むしろ、このような傾向がますます冗長されていくなかで、警鐘を鳴らすかのごとくさまざまな問題が起きているといえます。EGの意義はまだ失われていないといえるでしょう。

小柳〔2015〕は、現代社会の、ものがあふれ、処理スピードを高める方向への過度の偏りがこころの問題とつながっていると捉え、この視点から、EGの今日的意義として以下の四つをあげました。

　「心の片づけ」の場の提供　　ものも情報をあふれており、こころのなかも散らかり放題。これらを片づけるには、ゆったりと自分と向きあえる時間と空間が必要です。

Keywords
グループアプローチのOS　今日的意義　「心の片づけ」の場の提供

Keywords

心の声に耳を傾ける時間　自分が何者か、生きている意味　人の話を正確にきく力　ゆっくり丁寧に生きる知恵

「心の声に耳を傾ける時間」を提供　外の基準（一般的、社会的、学校、会社、親、上司など）にあわせて生きていくと、内の基準（すなわち、自分の心の声）がききとりにくくなります。しかも、外の基準も揺らぎ、多様化してきて、ますます自分のこころの声が人生の羅針盤として重要になってきています。

「自分が何者か、生きている意味」の確認や探求を援助　変化の激しい現代において、自分の人生の意味は揺らぎやすい。この確認や探求は自身にとって身近で大切な人からの正確な反応が重要です。エンカウンター・グループで形成される深くて親密な人間関係はまさにここに貢献します。

人の話を正確にきく力を育む　自分のこころの片づけや声をきくのと同様、他人のそれを行うには、ゆったりした時間が必要です。そのような場のなかで、この力も育まれます。

これらをふまえてEGは「ゆっくり生きる・小さく生きること」を援助するものとまとめています。EGのゆっくりした展開は「ゆっくり丁寧に生きる知恵」という社会的意味があるといえるでしょう。

第5章
アプローチとしての展開

（松本　剛）

子どもたち・家族へのアプローチ ▶ 学校教育へのアプローチ ▶ コラム　アスピー尺度 ▶ コラム　からだの感じを言葉にする実習 ▶ 組織へのアプローチ ▶ 医療・福祉領域へのアプローチ ▶ コミュニティへのアプローチ ▶ 多文化理解・国際平和へのアプローチ ▶ スピリチュアリティ ▶ ファシリテーター研修グループ

これまで述べてきたように、パーソンセンタード・アプローチPCAはフォーカシングなどへの展開にみられる個々の心理的課題や適応課題へのアプローチに加えて、人間を社会的存在として考えるエンカウンター・グループなどの集団へのかかわりを重要視しています。

　個人アプローチとグループアプローチの意義は、そのどちらにもありますが、人間の成長を考えたとき、両者に目を向けていくことが大切だと思われます。自分らしく日々を過ごしつつ、他の人々と一緒に生活しているという感覚も大事にするということは、考えてみるとけっこう難しいことですが、同時にそれこそが現実を生きるということでしょう。個を大事にすることと社会的存在としての自分を意識することの間のバランスは、人によっていろいろな考え方や生き方があるのは当然ですが、それらが自分の中で統合されていて、一人ひとりが「自分自身である」という感覚を深めていくことがのぞまれます。

　個と集団の双方にバランスよく貢献しようとするところに、PCAの意味があるといえます。PCAは、個人の心理援助にとどまらず、家庭、教育、医療・福祉、さらにはコミュニティ、多文化理解・国際平和へのアプローチなどへと、その実践の場を広げています【Figure 5.1】。第5章では、個へのかかわりに留まらない、社会的な広がりをみせるPCAのさまざまな展開について紹介したいと思います。

Keywords

個人アプローチ　グループアプローチ

Keywords

トマス・ゴードン　親業　教師学

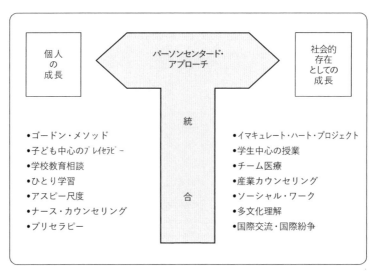

Figure 5.1　パーソンセンタード・アプローチの展開

子どもたち・家族へのアプローチ

　子どもたちに対する拡がりとしては、トマス・ゴードンが提唱した、家庭における親子間の本音の交流や信頼関係を育てるための「親教育プログラム」である《親業》（PET: *parent effectiveness training*）や、教師と児童・生徒の人間関係を改善するための研修講座である《教師学》（TET: *teacher effectiveness training*）があります。これらはあわせて《ゴードン・メソッド》と呼ばれています。

　また、子ども自身がみずからの成長を促す場としての「遊び」に着目した遊戯療法であるアクスラインの《子ども中心のプレイセラピー》も、重要なパーソンセンタード・アプローチ PCA の拡がりをもった取り組み

第5章　アプローチとしての展開

といえます。

　ゴードン・メソッド　親と子ども、教師−児童・生徒間の信頼関係を形成するには、オープンなコミュニケーションをもてるような関係をつくることが重要です。《ゴードン・メソッド》には、自分自身をふり返り、親子や教師−児童・生徒間の関係改善に役立てることができる具体的な提案や、ロールプレイによる関係改善の模索などがみられます。
　親子間や生徒−教師間の信頼関係をつくるためには、オープンなコミュニケーションをもつ関係づくりが重要ですが、実際には大人の側からの一方的なメッセージの伝達がおこなわれることが多いのではないでしょうか。子どもたちが「聴いてほしい」ときに「聴いてもらえていない」と感じるような関係に陥りがちです。《ゴードン・メソッド》は、子どもたちに言うことを聞かせようとする前に、「学ぶべきは大人（親や教師）」のほうでは？　と問いかけます。
　子どもたちは、関わりのある大人の行動を受け入れられないとき、大人に対して否定的な感情をもつようになるでしょう。逆に、大人から受け入れられていると子どもたちが感じられれば、子どもたちは大人に対して不快感を持つことなくその関係を保つことができます。なんらかの子どもたちの行動に対する見方を考えるときに、その行動が大人から「承認されうるか」という視点だけではなく、それが大人から「認められ、受け入れられているか」と子どもたちが感じられる関係づくりを進めることが大切だとゴードンは考えました。

　このような考えに基づいてゴードンは、相手を受け入れることができる領域（受容領域）とそうでない領域（非受容領域）を設定して、その境界を「受容線」とする概念を考えました。大人が「一人ひとりの子どもと

Keywords

ゴードン・メソッド　受容線

Keywords

能動的な聴き方　私メッセージ　勝負なし法

の関係のなかで、自分自身の受容線がどこにあるかに気づいて、子どもたちとのあいだでどのような関係をつくっているか」を考え、大人自身のかかわりのありようをふり返ることが、子どもたちとの関係を改善することにつながります。

　具体的にどのように子どもたちと関わっていけばよいかについても、ゴードンはさまざまな提案をしています。たとえば「能動的な聴き方」「私メッセージ」「勝負なし法」など、聴き方、話し方、対立の解消などの具体的方法が示されています。大人は子どもたちの気持を理解することが大切であり、「積極的傾聴——聴く・うなずき・あいづち・促し」や「能動的な聴き方——確認・くり返し・言いかえ・気持ちの理解」などの姿勢をもつことが強調されます。

　そのうえで、率直で正直なコミュニケーションの方法、互いの欲求を尊重していることを表現する方法、または対立を友好的に解決するなどの人間関係に必要な技法を提示しています。他にも、対立を解くための発想をもつための「勝負なし法」や、子ども間の対立に対する「介入的援助」などの実践的方法が用いられます。

　ゴードン・メソッドでは、自分自身のおこないや価値観、いまの感情に目を向けてそれらをふり返り、意識して改善したうえで、子どもたちとの関係をつくりなおすことが求められます。

　「具体的な技法を通した体験学習によるコミュニケーションのありかたを学ぶ研修プログラムは技法的であり、ロジャーズのように人間のありかたそのものを問う考えかたとは異なっているのではないか」という意見もありますが、実際に役立つ内容をもつことに意義を見いだそうとした《ゴードン・メソッド》は、PCAの人間観を実際に適用するための優れた方法であるといえます。《ゴードン・メソッド》を本当の意味で

第5章　アプローチとしての展開

用いることができるようになるには、PCAの考え方を理解することが必要なのです。

　子ども中心のプレイセラピー　アクスラインの遊戯療法は《子ども中心のプレイセラピー》と呼ばれています。PCAの考えを12歳以下の子どもたちに役立てるためのアプローチです。日本では個人へのかかわりが主ですが、海外ではグループで実践されることも多いようです。

　言葉でまだ十分に自分の気持ちを表出できない子どもたちに対して、PCAはどのように貢献できるでしょうか。《子ども中心のプレイセラピー》は、子ども自身の自由な遊び行動を大切にします。子どもたちを批判しないで、しかし一方では誉め称えるようなこともしない、対等な関係のなかで進められます。

　またセラピストは、誘導的な質問や新しい行動を手引きすることもありません。もちろん、子どもたちに接する際には、妨害行為を許すようなことはしませんが、子どもたちが自分らしく"今ここ"にいることを保証するのです。このような遊びの空間のなかで、子どもたちは自分自身の成長を促進していきます。

　アクスラインは《子ども中心のプレイセラピー》では「子どもの役に立つこと」が大事だと考え、以下の「8つの基本原則」を示しています。

1　セラピストは、子どもとの温かい親密な関係を心がけて、子どもとラポール（親和的な関係づくり）を形成しやすくする。
2　セラピストは、子どもをあるがのままに受け容れる。
3　セラピストは、子どもが自分の気持ちを表現できると思えるよう自由に遊べるようなおおらかな雰囲気を作り出す。
4　セラピストは、子どもの表現活動に気づいて、子どもが自分につ

Keywords

子ども中心のプレイセラピー　アクスライン　8つの基本原則

Keywords

『開かれた小さな扉』ファミリー・グループ

いて考えることができるよう適切に気持ちを反射してあげる。
5 セラピストは、子どもに遊びを通して、自分で自分の問題を解決できると思えるような自信と責任を持てるという子どもがもっている能力に深い尊敬の念を持っている。
6 セラピストは、子どもを指導・統制しようとせず、子ども自身が決めることに対して、非指示的な態度でもって子どもの行動に従う。
7 セラピストは、プレイセラピーがゆっくりと進んでいたとしても、そのようなゆっくりと進む過程があるとわかっている。
8 セラピストは、子どもの現実の世界を尊重しつつ、子どもに自分の責任を気づいてもらうのに必要な一定の制限を与える。

『開かれた小さな扉』では、情緒障害があり親からも見放されていた子どもにアクスライン自身がかかわったケースが紹介されています。受容されることが保証されたプレイルームで、自分自身を表出する体験を通じて、子どもは感情を取り戻し、たくましい人格を獲得するようになっていきました。そして、自分自身を愛し、認めることができるようになりました。
　PCAは、言葉を使って自分自身を表現することがまだじゅうぶんにできない子どもたちの成長に貢献できるアプローチとして、たいへん重要であるといえるでしょう。

　ファミリー・グループ　PCAの考えは、家族のグループにも活かされています。日本では1977年以降《ファミリー・グループ》が開催されてきました。こころの原風景を感じさせる豊かな自然環境の地で、暖かい人とのふれあいや、少しの冒険を味わうことができるグループです。いく

つかの家族が集まって、子どもは自分自身で遊びをつくり、保護者にも新しい家族との関係を味わう機会になります。そして、それらの経験は参加者によって共有されます。家族にとって《ファミリー・グループ》は、新しい発見の場になっているようです。

学校教育へのアプローチ

「他人に教えることよりも、みずから発見することの大切さ」を主張し、学習者を尊重しつつ、全人的成長を重視したロジャーズの教育に対する考えかたは、学校教育にも影響を与えました。ロジャーズは大学教育に24年間かかわっていますが、その間に「学生中心の授業」の試みを進めました。教員から与えられた課題を学生が要領よくこなすようなことよりも、学生自身の創造的な能力育成に重きを置く考えに基づいて、学生の自主性を重視したのです。学生が、他者から与えられるのではなく自分自身が納得できるような、自分自身のための学びを進めるためには、許容的で理解される学習環境に身をおき、自分で自分に責任をもてるようにすることが大切だと、ロジャーズは考えていました。

ロジャーズとフライバーグは、教育についての学校の変革を視野に入れた提言をおこなっています。また、先に挙げた親業の考え方を教師に展開した教師学といった実践もあります。ここでは、パーソンセンタード・アプローチ PCA の考え方によるいくつかの学校教育へのアプローチについて紹介しましょう。

イマキュレート・ハート・プロジェクト そのような取り組みのひとつに、教育組織全体の円滑化に向けてエンカウンター・グループ EG を応用し

たイマキュレート・ハート・プロジェクト Project at Immaculate Heart の試みがあります。「汚れのない」という意味をもつイマキュレート immaculate という名前をもつこのプロジェクトは、1960年、イマキュレート・ハート・コミュニティという大学を含む複数のミッションスクールが提携した教育研究機関が、ロジャーズの考え方をもとにしてスタートし、24年間続きました。

イマキュレート・ハート・プロジェクトでは、人が一生を通して学習のプロセスをたどり続けることのできる「人間」を育成することを目標に、学校システムに革新的変化を取り入れ、それらを評価することが目指されました。教育的改革の手段としては、集中的グループ体験が取り入れられました。

この取り組みは、ファシリテーターの力量の課題などもあり、必ずしも肯定的な評価ばかりを受けたわけではなかったようです。しかし一方では、大学EGのあとの教授会がよりオープンで活性化したものになったり、教員・理事・学生のなかに「ファシリテーターになりたい」と願う人たちも見られたりしたようです。自発的なグループが開催され、授業にも自己指示的な変化がみられた、という報告もあります。

アスピー尺度による教師の自己評価　教師がより効果的に教育することができる存在となるために、教師みずからの態度を変えられるかどうかを探求したアスピーは、中核三条件をはじめとしたPCAの考えかたをもとにした、教師の姿勢を評定するための授業評価スケールをつくりました。そのスケールでは、①共感的理解の伝達、②一致、③積極的関心、④児童生徒の学習目的促進、⑤児童生徒の授業への積極的参加、のそれぞれについて評定されます。結果は、教師自身が学校教育における教師－児童・生徒関係をふりかえり、PCAの人間観を学校教育に生かすこと

に応用されています【コラム12】。

日本の学校教育での取り組み

　日本の学校教育におけるPCAの拡がりは、さまざまな展開をみせています。学習者自体に焦点があてられた「児童・生徒・学生中心の学習」は、教育におけるPCAの拡がりの中心であるといえます。また、学校教育においては、開発的・予防的アプローチとして、「構成的グループ・エンカウンター（構成的エンカウンター・グループ）」【コラム9】への影響のなかに見出すことができます。また、人間性教育としてのEGを　道徳教育や総合的な学習の時間などで活用することも模索されています。

　日本では1960年代から70年代にかけて、ロジャーズのカウンセリング理論が導入され、一大ブームが起きました。"カウンセラーの三条件"の考えかたをもとに、子どもを理解し、かかわろうとしました。そのようなとりくみは、学校教育の児童生徒中心の考えかたにつながりました。

　ブームは長く続きませんでしたが、いまでも日本の学校教育相談においてロジャーズの知名度が高いことは変わりありません。「カウンセリングマインド」という和製英語の考え方では、ロジャーズの"中核三条件"の重要性が強調されています。

　教育者のためのエンカウンター・グループ体験　教育に携わる人たちが、PCAの考えかたを大切にしつつ、教師中心でもなく、生徒中心でもなく、保護者中心でもなく、教師も生徒も保護者をもかけがえのない個性ある人間として尊重される教育のありかたをめざすために、人間中心（パーソンセンタード）の教育の取り組みも続けられています。また、一

Keywords

構成的グループ・エンカウンター　構成的エンカウンター・グループ　カウンセリングマインド

コラム12

アスピー尺度

　アスピー尺度は、授業における教師のかかわりを評定し、教師の姿勢をふりかえるものです。

　共感的理解の伝達のスケール　「教師は児童生徒の表明している感情や経験している意味内容を」──①全く捉えていない。②半分理解。③表面的には理解、生徒の探求に関わるには至らない。④基底にあるものまで把握し、明確に生徒に伝えている。⑤適切に伝え、生徒の自己探求に深くかかわっている。

　「教師自身の感情や言葉は」──①生徒に全く伝わっていない。②応答がぎこちない。③児生徒と共にあり、相互交流的である。④適切な言葉で伝えている。⑤適切に伝え、生徒の目標達成や気づきを促進している。

その他の観点
教師の一致についてのスケール　(1) 教師の発言、(2) 教師の感じと生徒が思う感じの関係。
教師の積極的関心についてのスケール　(1) 生徒の学習能力への関心、(2) 生徒の感情・経験・学習可能性への姿勢。
児童生徒の学習目的促進についてのスケール　(1) 教師の言動・行動、(2) 生徒の要求や質問へのアプローチの姿勢、(3) 授業の主題、(4) 生徒中心の授業。
生徒の授業への積極的参加についてのスケール　(1) 児童生徒の発言、(2) 児童生徒の授業への参加態度、(3) 児童生徒が授業に対する姿勢。

(松本　剛)

第5章　アプローチとしての展開

一人ひとりの人間存在を尊重し、人間としての全体的な成長を援助しあう関係をめざして、集中的な宿泊型のエンカウンター・グループ体験が、長年継続されています。さらに、教員のバーンアウト（燃え尽き）を支えあうための継続的で日常的なEGなども開催されています。

　これらのグループでは、職場をはじめとする主に人間関係に関するさまざまな体験が語られ、聴きあいを通じて、共通する立場で共感的に理解しあいます。継続して参加している教師は、「自分自身に変化を感じる」「孤独感が減少し、教師としてのアイデンティティを取り戻すことができました」と語っています。

　ひとり学習　ひとり学習は、目の前にいる「ひとり」の児童生徒を尊重し、その成長にかかわる教育活動です。「勉強」は「学習」のための礎であって、「学習」によってこそ、人はその内面に何らかの変化が伴うのだと考えます。「学習」はその人「ひとり」にしかできないものであり、一人ひとり異なった経験に即したものだという考えかたは、ロジャーズの人間観に通じています。ひとり学習は、子どもが主体的に学ぶ場、一対一の援助的人間関係を保障します。

　教師の役割は、子どもに学習過程を示して誘導することではなく、子どもが自分自身で学習過程を構築するのを援助することです。そこには、子ども自身の「学ぼうとする力」を信じて引き出すこと、「学習」を通じて人間らしく、その人らしく育っていくこと、を援助するという考えがあります。これらを実現するための「勉強チェックリスト」や「学習計画」、自分が自分自身に示す「めあて」「反省」「勉強相談」などを通じて、一人ひとりの「学習」とかかわり、自分自身で勉強の見通しを立て、計画し、それに従って勉強を進めます。児童生徒は、自分自身の「学習」に対する「満足度」や「感想」をまとめながら「学習」が進められます。

Keywords

教育者のためのEG体験　バーンアウト　ひとり学習

コラム13

からだの感じを言葉にする実習

　昨今の学校教育に求められている「表現力」を育成するために、PCAの「一致（経験と自己概念の一致）」を応用した実習が実践されています。今の自分自身に注意を向けて、「からだの感じ」→「オノマトペ（擬音語・擬声語）」→「セリフ」の順に自分自身の感覚を概念化していくと、正直な自分自身を素直に表現しやすくなります。ワークシートに自分の感覚を徐々に表現していくことによって、本当に感じ取っている自分自身と出会い、それを率直に表現できます。

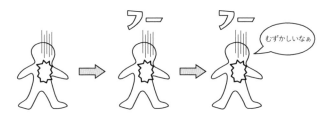

ある生徒がワークシートに書いた実習の経過

[実習プロセスの一例]

　①「あなたには、今気になっていることはありますか？」の質問に、「勉強のこと」と書きました。　②「そのことを考えると、あなたのからだはどうなるでしょう？」と聞かれたので、からだの感じを感じ取って、人の絵に、色鉛筆で色を塗りました。　③ことばは「フー」→「むずかしいなあ…」と書きました。　④「どんな気持ちになりましたか？」の質問に、「少しゆううつ」と書きました。　⑤「その感じになんと言ってあげたいですか？」という質問に、自分で「努力したんだから、きっと大丈夫。」と書きました。　⑥この言葉をペアの人に言ってもらいました。そうしたら少しほっとしました。

（松本　剛）

第5章　アプローチとしての展開

教室でのベーシック・エンカウンター・グループ体験　〈ベーシック・エンカウンター・グループ BEG〉そのものの取り組みを学校教育に取り入れて、クラスの児童が毎週話し合いを重ねるという実践もみられます。教室でのBEGの取り組みは、教師と子どもたちとのあいだに平等な相互学習の時間を作り出し、自由で安全な心理的風土への配慮によって、「教える／教えられる」「評価する／評価される」といった上下関係や権力関係を超えた、一人ひとりの人間どうしのふれあいの時間をつくりだし、子どもたち、教師双方に心理的成長をもたらせています。「保護者の理解」「時間枠の確保」「教師とファシリテーターの二重性」など配慮する事項をしっかりと意識しつつ、教室でのエンカウンター・グループが実施されています。

組織へのアプローチ

　企業をはじめ社会におけるさまざまな組織においては、企業のメンタルヘルスや上司／部下、同僚間の関係改善などの課題への取り組みが求められています。パーソンセンタード・アプローチ PCA が大切にしている「積極的傾聴法」の導入や、働きやすい環境づくりのためのグループアプローチの展開などがみられます。また、「働く人のためのエンカウンター・グループ EG」も開催されています。

産業カウンセリング

　広く産業分野で活躍している産業カウンセラーは、働く人びとの「上質な職業人生」（QoWL: *Quality of Working Life*）の実現を援助し、産業社会の

発展に貢献しています。その活動のなかでもっとも大切なのは、援助者の"傾聴"だとされています。人を人として尊び、その人の話に真摯にこころを傾ける、このような姿勢やありかたを身につけ、実際に生き働き生活する場で生かすことが、社会貢献につながると考えられています。

また産業カウンセラーは、組織に所属してその関係性にかかわる役割も担っています。産業カウンセラーとして〈ベーシック・エンカウンター・グループ〉体験が進められており、その場でのありようが所属する組織への援助に生かされる部分も多いと考えられます。このような産業カウンセラーのありようは、ロジャーズの対人援助の考えかたに基づくもので、PCAが応用されている部分があります。

職場環境改善のためのミーティング

近年の技術革新の進展、サービス経済化、企業活動の国際化の進展など、職場をめぐる環境は大きく変化しています。そのなかで、労働者の就労やストレスにかかわるさまざまな問題が生じています。このような変化のなかで、労働者がその生活時間の多くを過ごす職場での疲労やストレスを感じることが少ない、快適な職場環境を形成していくことがもとめられるようになっています。

作業環境の改善や疲労回復施設の設置・整備などといったハード面に加えて、職場環境のソフト面の快適化が求められるようになりました。産業組織では、いわゆるタテ（上司と部下）、ヨコ（同僚）のあいだの人間関係がどのようなものであるかによって、働きやすさが大きく違ってきます。自由闊達なコミュニケーションに基づく良好な関係性、互いに支援協力しあえる関係づくりの必要性が高まっているのです。

第5章　アプローチとしての展開

　このような課題のもとで、PCAの考え方を取り入れた職場内のミーティングを取り入れることは、職場の人間関係改善に貢献できると思われます。
　産業カウンセラー協会では、職階による上司／部下の関係を持ち込むことのない、対等な関係性をもった職場改善のためのミーティングの必要性が提案されています。

医療・福祉領域へのアプローチ

　医療領域では、看護師の教育としてエンカウンター・グループEGが活用されたり、患者や家族へのサポート・グループなどでもEGのエッセンスが活用されたりしています。福祉領域では、さまざまなサポート・グループやセルフヘルプ・グループが展開されていますが、ここにもEGのエッセンスが活用されています。また、精神障害や発達障碍へのかかわりに〈プリセラピー〉【コラム3】が生かされています【コラム5】。

　チーム医療　看護師にとっても、「患者と言語的および非言語的対話」を継続的におこなっていくという〈ナース・カウンセリング〉のなかに、クライエント中心療法やPCAが、基本的なかかわりの考え方として重要視されている部分があります。
　また、看護師がコミュニケーションや対人関係を学ぶためのEGも、1970年代の初めから実施されてきました。また現在では、対象をさらに広げた「緩和ケアに関心のある人のためのEG」も実施されています。

Keywords

コミュニティ　居場所づくり

　福祉領域　ソーシャル・ワークや保育の領域においても、EGが実施され、子どもに寄り添うことの大切さや保護者とのかかわりの改善が報告されています。また、子ども中心のプレイセラピー[p.151]の考えかたを取り入れた保育もみられます。

コミュニティへのアプローチ

　コミュニティは、地域社会という意味だと考えられることが多いと思われますが、そこに住む人びと、そこに集う人びと、あるいは何らかのサポートシステムをもてるような場所や形態をも含めたものと考えることもできます。コミュニティへのアプローチは、その場に集う人びとをひとつのまとまりとして考えて、そのなかの誰かであったり、そこに集う人びとにとっての課題や問題に対応したり、変革していったりするかかわりであると思われます。自分自身の回復や新しい発見のための「共生の場」をもつことの意味は大きいと思われます。

　コミュニティで、人びとが自分自身としていることの意味には大きいものがあります。現代社会は私事化が進み、他者関係が希薄化する傾向が顕著です。社会のありかたの変化につれて、人びとの内的世界は変化し、人と接することに臆病になったり、孤独感や虚無感を感じていたりすることも、多くなっているのではないでしょうか。

　そのようなコミュニティを築くには、誰をも大切にできる関係性がそこに生まれることが大切ですが、エンカウンター・グループEGの関係性は、複数の人たちがお互いを大切にしながら共感性を高めあう関係をめざすものであり、コミュニティにおいても、EGを用いた居場所づくりの実践が展開されています。

セルフヘルプ・グループ　同じ領域や課題を共有するコミュニティにおいて、同じ立場にある人たちによって運営されるグループは〈セルフヘルプ・グループ〉と呼ばれています。セルフヘルプ・グループには、①問題を解決したり軽減したりする、②問題とのつき合い方を学ぶ、③安心していられる場所（居場所）をつくる、情報を交換する、④社会に対してはたらきかける、といった目的があります。実際には、病気や障碍のある人たち、嗜癖（依存）の傾向のある人たち、暴力や災害などによって被害を受けた人たち、マイノリティ（少数者）の人たち、不登校やひきこもりの人たち、死別を体験した人たち、専門家などへのセルフヘルプ・グループがあります。さまざまな人たちにとって、対等な関係のなかで、安全に配慮された、自分自身を表し、自分らしくその場にいることができるパーソンセンタード・アプローチPCAの考えに通じるような〈セルフヘルプ・グループ〉の存在は意味深いと思われます。

サポート・グループ　発起人が当事者性をもっていない〈サポート・グループ〉では、PCAの考えはより重要であると思われます。たとえば、不登校の親の会をカウンセラーが主催する場合であれば、カウンセラー自身の家族には不登校の方がいないときには〈サポート・グループ〉ということになります。社会的マイノリティへのサポートは、当事者への理解を促進し、孤立を緩和します。同じ体験をしていないとしても、その場を進めるファシリテーターが、そこに集う人たちの対等性や当事者の存在そのものへの尊厳を重要視していることが求められます。

PCAGIP法による課題の話し合い　コミュニティの課題についてメンバーが相互に考えを伝えあい、解決法を見出していく過程にも、PCAの人間観が取り入れられています。PCAGIP法 *Person Centered Approach*

Keywords

PCAGIP

Group + Incident Process は、参加者の自発性と主体性に基づく自由なかかわりあいが尊重される問題解決型の事例検討法です。安全なエンカウンター・グループ体験と短い資料で事例検討を進める「インシデントプロセス法」を組み合わせた事例検討法で、さまざまな場面における問題解決に用いられます。

PCAGIP法では、参加者には、簡潔なインシデント（事例）のみが示され、その背景や原因などは、参加者が当事者に質問することによって収集されます。参加者からの質問に事例提供者が答える情報をもとに、参加者間で具体的方策を探るのです。ファシリテーターは、信頼と安全の心理的風土の確立に努めます。

PCAGIP法の基本姿勢は、①参加者中心で創られる話し合いであること、②参加者から出される多様な視点を学ぶこと、③参加者の相互啓発であること、④参加者とファシリテーターは共創 *co-creation* の関係にあり、参加者を「リサーチパートナー」であると考えること、などであると考えられています。PCAGIP法のプロセスは、①事例の状況を徹底して理解する、②事例を俯瞰する、③事例への見通しを立てるの順に進められます。

PCAGIP法では、記録者をつくり、質問とその反応を黒板に書くようにして、参加者には、記録やメモをとらずにグループプロセスに主体的に参加してもらうようにします。また、事例提供者に対する批判をせず、理解・共感するようなかかわりの場がつくられることが重視されます。参加者は、事例提供者の立場に立ち、共感的にそれらを理解しようと努めるのです。

第5章　アプローチとしての展開

多文化理解・国際平和へのアプローチ

　ロジャーズは1968年に「人間研究センター」を設立して、異文化・多文化間の緊張、国際的紛争解決に向けた多角的な取り組みをおこなっています。ロジャーズは「エンカウンター・グループのいちばん深い意義のひとつは、それが対人関係・対集団関係の緊張を解決する手段となること」だと言っています。心理学者が社会に貢献することを求めたロジャーズの考えから、国際的なエンカウンター・グループが数多く開催されるようになりました。少数者集団側のメンバーの苦しい感情が語られ、それらが受け入れられるとともに、相互により深い理解が得られていくことが、これらの問題の草の根の解決につながっていきます。

　北アイルランドでの対立宗教間のEG　北アイルランドでの対立宗教間のエンカウンター・グループ EGの様子はビデオ『鋼鉄のシャッター』〔60min〕で見ることができます。1972年にロジャーズ（途中でマックゴウ McGaw, A. と交代）とライス Rice, P. がファシリテーターとして主催した、三日間24時間のエンカウンター・グループの記録です。北アイルランドのベルファストから対立するプロテスタント〔4名〕とカトリック〔4名〕、他1名がアメリカに招かれ、三日間にわたって、戦闘や暴力、政治、宗教、社会階層にかかわる諸問題について話し合われました。グループが進むにつれて参加者は深くお互いを感じ取り、みずからを変化させていきました。

　筆者はビデオ『鋼鉄のシャッター』を用いて、大学生と北アイルランド紛争について話し合ったことがあります。ビデオを見る前に北アイルランド紛争について紹介した際には、大学生の意見は、とにかく「政治」「宗教」を変えることが必要だという意見が大多数でした。ビデオを視

Keywords

多文化理解・国際平和　人間研究センター　『鋼鉄のシャッター』

聴した後の意見では、「違う考えや気持ちを理解したり、相手を受容したり、そこまでいかなくても『戦いやテロはもうごめんだ』といった同じ気持をもつことが、まちがった方法であるテロをなくしていくために大事」だと考えるようになったといいます。「自分も同じ環境に置かれたら同じように憎しみを感じてしまいそう」という学生も「だからこそ、まず感情を出し合いながら話し合うことが大事だと思いました。リアルに感情を持てることが必要」といいます。「最後はみんなやさしい顔になった」「私はこれまでディベートや討論が苦手だったけれど、本当に話し合うことによって相手を理解し、認め合うこともできるのだとわかった」という意見もありました。さまざまな意見の交換のなかで、一人ひとりがお互いを知るということの大切さが伝え合われる時間になりました。

南アフリカでの人種間のEG　南アフリカ共和国での人種間のエンカウンター・グループは、対立問題が激化していた南アフリカで開催されました。ロジャーズを招いたのは、南アフリカ生まれの白人の方でした。当時、南アフリカでは人口の10数％にすぎない白人と非白人との間の分離隔離政策であるアパルトヘイトが進められていました。人種間の相互理解を促進する場として、EGが利用されました。

中央アメリカの緊張を扱ったルスト・ワークショップ　ピース・プロジェクトのひとつとして、中央アメリカの緊張と憎悪問題に取り組んだオーストリアのルスト・ワークショップがあります。17ヵ国の不協和を打開すべくおこなったこのエンカウンター・グループには、各国の文化・政治指導者約50人が招かれました。

第5章　アプローチとしての展開

PCAフォーラム　1982年メキシコで、ロジャーズ80歳を祝う会が開催されました。これがきっかけとなり、二、三年に一度の間隔でPCAフォーラムが世界各地で開催されるようになりました。世界のPCAにかかわる人たちが集い、その地の現状を知り、語り合うフォーラムです。PCAフォーラムは、いろいろな問題を抱えている世界各国で開催されています。日本でも2001年、PCA Japan Forumが開催されました。日本フォーラムには、日本と海外から約同数の計120人が参加しました。参加者全員が集うコミュニティ・グループでは、それぞれの背景が異なるにもかかわらず、一人ひとりの発言を皆が一生懸命に聴き、海外の方々と日本人が一緒にいて、感覚の違いを感じることなく、言葉を超えたつながりが生まれる体験をしました。

日本における多文化理解のためのEG　日本においても、異文化・多文化間コミュニケーションにPCAが貢献しています。国際エンカウンター・グループ、多文化間エンカウンター・グループ、多文化間相互理解エンカウンター・グループなどの開催、留学生の支援のためのエンカウンター・グループなどの実施、在日外国人のサポート・グループなどが展開されています。

スピリチュアリティ

ロジャーズは晩年、パーソンセンタード・アプローチPCAをスピリチュアルな次元でもとらえました。現在では、トランスパーソナル心理学やキリスト教、仏教とPCAの関連について考える研究者もいます。次に紹介する〈表現アートセラピー〉もまた、スピリチュアルな次元に

まで目を向けたPCAの一方法といえるでしょう【コラム4】。

表現アートセラピー　論理的な言語表現以前のさまざまな経験から直接自分自身や他者にかかわる〈表現アートセラピー〉は、さまざまなアートを自在に組み合わせて、人間が本来もっている創造性を開き、癒しの力を引き出すセラピーです。ロジャーズの娘のナタリー・ロジャーズが中心となり確立されました。

〈表現アートセラピー〉は、狭義のアートセラピー（絵画・造形・粘土・コラージュなどの視覚アート）だけでなく、ダンス・ムーブメント（からだの表現）、ミュージック（音楽、サウンド、声による表現）、ライティング（詩、散文などの文章表現）、ドラマ（演技、パフォーマンスなどによる表現）など、さまざまな芸術媒体での表現を用います。多様な芸術表現が、相互に結びつき、互いに刺激しあうことが重要視され、上手下手を問うたり分析や解釈をおこなったりはしません。

自分自身を見つめなおしたい、人間が元来もっているスピリチュアルな力を取り戻したい、喪・癒しの作業として、身近な人と死別して悲しみの最中にいる人が、精神的に力を取り戻す過程である「グリーフワーク」としても用いられることもあります。

ファシリテーター研修

パーソンセンタード・アプローチPCAの取り組みを進めるためには、その関係性を十分に理解したファシリテーターの養成が重要です。ファシリテーターは、自分自身も含めて参加メンバーの個別性を尊重し、その自発性を高めながら、同時に共にいることの意味を感じられるような

第5章　アプローチとしての展開

場を作ることをめざす意識をもっていなければなりません。各人が自分らしくありつつ、他者を認め合うことができ、関係づくりに貢献することができるようなグループを促進するファシリテーターとして成長するための、研修の方法をいくつかを紹介しましょう。

　エンカウンター・グループ体験　最初に、本書で述べてきたPCAの考えを大切にしているエンカウンター・グループEGなどに参加して、さまざまなメンバーとしての体験を積むことが必要です。それらの体験は、さまざまなファシリテーターとの出会いにもなります。

　観察者としてのEG体験　EGを客観的に観察することも、ファシリテートの学習に役立ちます。金魚鉢方式と呼ばれる方法では、外側の円に座っている人たちが、内側の円でおこなわれているベーシック・エンカウンター・グループを観察します。矢印の参加メンバーを観察するという方法もあります【Figure 5.2】。内側と外側の円を入れ替えると、参加者と観察者の両方を体験することができます。一緒に学んでいる仲間のグループを観察することによって、お互いの学びにつながります。他にも、記録映画を見たり、録音テープや逐語録をもとに学んだりする方法があります。

　ピア・ファシリテーター経験とそのふりかえり研修　参加メンバーが相互にファシリテーター役割を体験して、そのグループについて、メンバー全員でふりかえります。メンバーからのフィードバックによって、自分のファシリテーターとしてのスタイルを考え直し、ファシリテーターのありかたを見直します。オブザーバーがいる場合には、グループのやりとりをふりかえりながら進めることができます。

Keywords

ファシリテーターの養成　金魚鉢方式　ピア・ファシリテーター

Keywords

コ・ファシリテーター

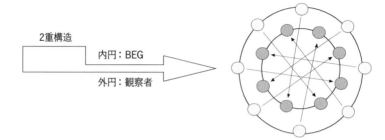

Figure5.2 金魚鉢方式

コ・ファシリテーター体験 初心者ファシリテーターが、ベテラン・ファシリテーターと一緒にファシリテーター（コ・ファシリテーター）となり、グループを進めます。グループ前後のミーティングや各セッション後のスタッフミーティングのなかで、ファシリテーター体験のふりかえりをおこないながら、ファシリテートを学びます。

ファシリテーター研修は、自分らしさを大切にしつつ、周囲の人たちも尊重することができる存在となりうるためには、どのような自分であればよいのかを見出していく過程だともいえます。その場で経験されることに、本当に誠実な態度で取り組むことができるような人になることをめざして、人が"今ここ"に存在していることの意味を見出すことができるようなPCAの考えを大切にできる人になることがもとめられています。

第6章
パーソンセンタード・アプローチをまなぶ

(坂中正義)

なにをではなく、いかにまなぶか ▶ まなぶプロセスを意識する

最後に、「パーソンセンタード・アプローチをまなぶこと」をめぐって考えてみましょう。ここまでじっくり読まれた方は、パーソンセンタード・アプローチPCAにおける学びには、学習者自身の自己理解や内的対話、主体的な試行錯誤が必要だという感触がつかめているのではないでしょうか。これがPCAの学びの重要なエッセンスです。

　パーソンセンタードな態度は、相手だけでなく、自身にも向けられます。"中核三条件"は、自身に対する態度と相手に対する態度が相似的であったことを思いだしてください。クライエント自身が自分のありようを模索していくことをよしとするならば、カウンセラーもまた、自身のありようを模索していくことが重要です。

　これは、加算的に理論や技法を学べばカウンセラーとしての力量が身につく、というあり方とは対極にあります。ロジャーズは「なにをするかではなく、いかにあるか」を大切にしていました。これは、この道を学ぶ際にも重要なことといえます。

Keywords: 自己理解　内的対話　主体的な試行錯誤　いかにあるか

Keywords: 理論学習　体験学習　実習　自身との対話

なにをではなく、いかにまなぶか

　カウンセリングの学習プログラムは「理論学習」「体験学習」「実習」「実践」に分けられます〔佐治・岡村・保坂, 2007〕。このうち「実践」は実践即学習という意味では学習プログラムではあるものの、実践のための学習プログラムという意味では、「理論学習」「体験学習」「実習」が狭義の学習プログラムといえるでしょう。この区分は、パーソンセンタード・アプローチPCAの学習にもあてはまります。

自身との対話の姿勢

　この「理論学習」「体験学習」「実習」という区分は、なにをまなぶかの視点です。しかし、大事なのはいかにまなぶかです。その意味では、学習者にとってまず重要なのは、「自身との対話という姿勢をおぼろげながらでも身につける」ことではないでしょうか。これは、軸足を自身におきつつ、学び体験の自分にとっての意味を問うという姿勢です。このことは「体験学習」や「実習」においては比較的強調されますが、実は「理論学習」においても重要な点と考えています。詳しくは後述します。

　「おぼろげながら」としたのは、「自身との対話」というのは意外とむずかしく、わりとありがちな「正しい自身との対話」という外側の基準にとらわれなくてもよいこと、完璧をめざさなくてよいことなどの思いを込めているからです。「なんとなくこんな感じのことかなあ」ではじめてみましょう。そこを手がかりに、対話を心がけ、試行錯誤していけば、自身との対話の質も深まっていきます。それとともに、自身の拡がりも体験できるでしょう【Figure 6.1】。

第6章　パーソンセンタード・アプローチをまなぶ

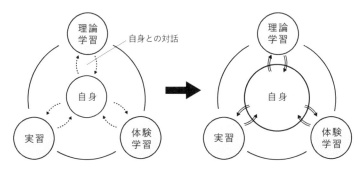

Figure 6.1　自身との対話を軸とした学び

理論学習・体験学習・実習

　理論学習、体験学習、実習それぞれのまなび方と代表的なプログラムについて紹介します。

［理論学習］

　この書籍で理論学習のスタートを切りました。巻末に読書案内を掲載しているので、興味のあるものから読んでみてください。大学の授業や、巻末にあげた関連団体が主催する講座で、理解を深めるのもよいでしょう。

　理論学習で重要なのは、それを通じて、自身の人間観やカウンセリング観の理解を深め、形成していくことです。理論は体験の参照軸になります。先達の紡いだ理論により、いままで光が当たりにくかった体験に光を当てることができるようになります。ロジャーズらの理論という参照軸があるからこそ、学習者は〈実現傾向〉や〈中核三条件〉〈自己受容〉〈体験過程〉が指し示している体験に、光を当てることができるのです。

そこを手がかりにしながら、自身の人間観やカウンセリング観を深めていくことが、理論学習のめざすところでしょう。理論学習は単に受動的に知識を得るだけでは不充分で、理論と自身との主体的な対話があってはじめて、学習として機能します。

なお、「自分らしい実践のためには、理論にとらわれず自分の経験を中心に考えることが重要」という主張があります。めざす方向としては了解できるのですが、「理論か経験か」という対立軸で捉えるという印象を形成しやすいこと、まなぶプロセスという視点が弱いことから、特に初学者は慎重に捉える必要があるでしょう。

前者の懸念は、「理論か経験か」と捉えるとその時点で、理論にとらわれる、自分の経験にとらわれるのいずれかになります。共に対話を欠いた適切とはいえない姿勢です。理論は経験の参照軸として自身との対話を促進します。

後者の懸念は、後述します。

[体験学習]

体験学習の機会は、大学の授業だけでは十分ではないでしょう。巻末にあげた関連団体が体験学習を提供していますので、関心のあるプログラムに参加してみてください。

シミュレーション学習　代表的なものとして、ロールプレイングを用いた傾聴トレーニングがあります。〈傾聴〉を身をもって学習できる、重要なトレーニングです。

ただし、応答技法を学ぶという姿勢ではなく、学習者自身が、関係のなかでの態度、態度をどのように表現するか、応答技法から態度に遡るなどというように、〈態度〉を軸に据えて参加することが重要です。また、学んだ応答技法が唯一の正解であると捉えないことも意識しておく

第6章　パーソンセンタード・アプローチをまなぶ

といいでしょう。応答はレンジのあるものであり、絶対的なものではありません。ずれた応答であっても結果的には促進的なこともしばしばあります（ただ、決してずれた応答を推奨するわけではありません）。よって、技法レベルではやわらかい姿勢で、自身との対話をベースとした態度レベルの検討を意識するとよいでしょう。

なお、自分のおこなったロールプレイングの逐語記録（詳しくは後述）は是非作成してみてください。自身との対話が促進されます。

なお、シュミレーション学習としては、試行カウンセリングなど、5回程度の継続面接を前提としたプログラムもあります。これらはよりカウンセリングの実際に近い学習体験がもてます。

フォーカシング　フォーカシングのリスナーがおこなうことは、広い意味では傾聴です（本質的な意味と捉えることも）。

グループ体験　ロジャーズはカウンセラー養成におけるグループ体験というものを非常に重視していました。特にベーシック・エンカウンター・グループの意味は大きいです。誰しも〈実現傾向〉をもった人間であること、傾聴によるサポートの重要性、対等な関係の体験などPCAで重視していることなどが体験されます。非構成、構成共に体験するとよいでしょう。

教育カウンセリング　カウンセリングをまなぶには、カウンセリングを受けてみるということも重要です。

[実習]

スーパービジョン　自分の実践をスーパーバイザーとのあいだで検討していきます。

逐語検討・事例検討　第2章で述べたミクロ次元での面接の検討が逐語検討で、マクロ次元での検討が事例検討です。逐語検討では実際の面接

Keywords

フォーカシング　グループ体験　教育カウンセリング　スーパービジョン　逐語検討・事例検討

を録音し、文字化して面接を検討します。検討会における検討も色々な意味で学びになりますが、自分の面接を繰り返し聴き、文字化していくプロセス自体に、大きな意味があると思います。自身との対話を促す大切な学習方法です。事例検討における資料作成にも、同じことがいえます。

まなぶプロセスを意識する

　さまざまな学習プログラムを通して自身との対話を重ね、自分なりの実践を模索していくのが、パーソンセンタード・アプローチPCAの学習といえます。その際、学ぶプロセスも意識しましょう。

　ロジャーズの理論も、実践（学習）を重ねたプロセスがあってのものでした。理論は成果ですが、その成果はプロセスによって生み出されます。さらにその理論も、さらなる実践で発展していきます。彼はクライエントのアセスメントをそれほど重視しなくなりましたが、博士論文ではアセスメント色もそれなりにありました。また、指示的カウンセリングや精神分析に対しては批判的でしたが、それはその学習に身を置き、学んだからこそいえることであり、また、彼の実践の中にこれらの学習は明示的ではないものの生きているのではないかと想像します。

　このように「プロセスを経ての成果」と考えると、彼の語りの意味は深まります。しかし、成果のみをみて「アセスメントは重視しなくてもいいな」とか、「精神分析は意味はないな」などと理解すると、とんでもないしっぺ返しを食らうでしょう。

　茶道や武道、芸術等で有名な日本独特の師弟関係をベースにおいた学

第6章　パーソンセンタード・アプローチをまなぶ

習プロセスの「守破離」といった概念も参考になります。「守」は師に指導を受けながら、型を学ぶ段階で、守ることが重視される段階、「破」は型を守りつつ、改善し、模索する段階で、型を破ってみることが重視される段階、「離」は、これまでの経験から自分らしいものを創造していく段階で、型（とともに師）を離れていく段階とまとめることができます。この発想は「型」に視点をおいた学習プロセス論で、パーソンセンタード・アプローチの「その人らしい実践」に視点をおいた発想とは逆の視点ですが、到達点としての「離」は、まさに「その人らしさ」の実践をさしており、「まなぶ内容」と「その人らしさ」の関係を描いた重要なモデルといえるでしょう。

　このようなことから、まなびのプロセスを考えてみました。自身のまなびを自身で模索する参考にしてください。

まずは体験・学習してみる

　まずは、枠組にのってみることが大事でしょう。

　体験としては、教育カウンセリング、フォーカシング体験、グループ体験などがあります。パーソンセンタード・アプローチで大切にしている雰囲気や実現傾向といったことを肌で感じる機会になり、自己理解・他者理解も体験できます。

　学習としては、基礎的な理論学習、傾聴トレーニングなどがあります。個性やオリジナリティは、何もないところから立ちあらわれるのではなく、ある枠組をみずからに入れ、そのなかで徐々に生まれてくるものともいえます。まなぶことは「まねぶ」ともいいます。まねぶことは前述の通り、自身との対話の参照軸が養われます。

　傾聴トレーニングで応答を繰り返し練習することは、素振りのような

Keywords

守破離　まずは体験・学習してみる　まねぶ

基礎訓練により、型がなじむことの意義に近いものがあります。型は「正解へのこだわり」につながる弊害もありますが、それは、How Toを求める姿勢の問題です。型は「その人らしさ」のベースとして機能します。型を学ぶこと自体が禁忌される必要はないでしょう。

自身との対話を意識しつつ、まずは枠組にのってみることを、初期の学習としておすすめします。

おそるおそるの実践

自身の対話を意識しつつ、まずは体験・学習してみる体験をある程度積み重ねていくと、自身との対話とその意味が、おぼろげながらもつかめてきます。体験や学習の積み重ねは、ある種の参照軸となって機能します。こうなると、それらを活用しながら、自身との対話は以前よりはスムーズに動き出すでしょう。

この時期におそらく実習として、おそるおそる事例を担当したり実践を開始したりすると思います。実践にも、まずは身につける「型」が存在します。ここでも型にまずはのってみて実践してみるという姿勢が重要でしょう。スムーズに動き出した自身の対話も、実践では揺り戻しがあり、難しくなりますが、そういうものです。焦らず、でも意識する感じでいきましょう。

実践を積み重ねる

実践を積み重ねるなかで、実践においても自身との対話がすすむようになってきます。また、実践の積み重ねは、やはりある種の参照軸として機能してくるでしょう。並行して、体験や学習も重ねていると思いま

すので、それらも参照軸となります。そろそろ「破」の段階でしょう。新しい何かが動き出す助けになるのは、ここまでにあげたものに加え、スーパービジョンや、事例検討、逐語検討などです。活用しましょう。

自分らしい実践の模索

　前の段階の積み重ねで「離」の段階へ移行します。といっても、この領域での実践は一生修業です。ずっと模索し続ける感じでしょうか。

　パーソンセンタード・アプローチPCAでのまなびで目指されるこの段階は、ここまでの学ぶプロセスあってのものです。「自分らしい実践」という成果にのみ注目し、ここまでのプロセスを過小評価する危うさが伝われば幸いです。

仲間やつながりを持つ

　学ぶ際に、自身との対話を重視しましたが、他者との対話も重要です。実践のなかで抱える小さな悩みや気づきをPCAをまなぶ者どうしでシェアし、支えあっていくことは、新たな気づきにもつながります。そのような仲間は、学会・研修会などで得られることが多いです。仲間やつながりをもつことも、意識しておくとよいでしょう。

エピローグ

　ここまでお読みいただき、ありがとうございました。「パーソンセンタード・アプローチの世界へぃざないと基本事項をわかりやすく、丁寧に伝える」「傾聴について、やり方の次元だけでなく、あり方の次元で捉えていただき、自身との対話という視点に開かれる」というねがいをもった本書ですが、いよいよ終着駅に到着しようとしています。

　わたしはエンカウンター・グループやカウンセリング研修会などの最後に、「この体験の意味が今すぐ明確になることもあるけども、ちょっと後、だいぶ後になってみえてくることもある。また、今みえている意味が時と共に変化していくこともある。この体験は、みなさんのなかに何らかの形で残っているので、それがみえてくる、または変化するのを待ってみることも大切です」とお伝えします。これは読書体験も同じでしょう。どうか、そんなスタンスも大切にしていただきながら、時折、本書を再読していただけるといいなと思っています。

****** ****** ******

　この本に関わった方の紹介をしたいと思います。

　まず、編集者の津田さん。とあるワークショップで偶然に再会し、そのあと、パーソンセンタード・アプローチPCAの教科書について酒場で話しあうなかで本書の企画が動き出し、福岡、大阪、名古屋、ネット上と会合を重ねるなかで色合いを固めてきました。話の脱線も楽しめ、確実にまとまっていくお手並みはさすが。出版までの定時運行もしっかり管理していただきました。思えば、ワークショップでの出会いはまさに共時的なものだったのでしょう。

田村先生。研究室の先輩で、研究も実践も第一線の心理臨床家の先生にご協力いただけたこと、多謝です。私はPCAのなかでも、パーソンセンタード・カウンセリングやエンカウンター・グループに軸をおいているため、体験過程やフォーカシングの内容について何度も、先生に相談させていただきましたが、その都度、丁寧にサポートしていただきました。学会帰りの喫茶店での語らいもいい思い出です。

　松本先生。エンカウンター・グループでご一緒させていただく機会も多く、私にとっては安定した信頼感・安心感と人間味が感じられる先生です。既存の書籍では述べられることが少なく、かつ、射程がきわめて広い章にも関わらず、快く引き受けていただき、意図どおりに執筆いただきました。今回のことでも、私の先生に対する印象は一層安定したものとなりました。

　岡村先生。本書作成のいろんな局面で、私のなかの小さいけど大切な"こころの声"を丁寧に確認していただき、また肩を押していただきました。私が学部時代にとある飲み会の席で、佐治守夫先生に愚痴をこぼしたとき、「あなたがやるかどうかだ」と穏やかだけど背筋が伸びるメッセージをいただいたことを、先生の問いかけの度に思いだしておりました。「坂中色のPCA本を」と励まされ、ここまでまとめることが出来ました。

　さいごに、イラストでお世話になったおがわさん。津田さんと私のこだわりで、本書はデザイン面でも統一感をもたせたいと考えていました。膨らむばかりの私たちの構想を、見事に具体化していただいたのが、おがわさんです。やさしいタッチのイラストが本書の印象を"やわらかい"ものにしてくれました。そのタッチと同様、津田さんと私の酒場での脱線話に"やさしく"よりそっていただきました。

エピローグ

******　　******　　******

　ここで、本書を企画するに至った個人的な背景を表明してみます。

　2015年から2016年にかけ、自分の人生の軌道をふりかえることになるような出来事がいくつかありました。そんななか、自分はこれまで何をしてきたのか？　これから何をするのか？　何ができるか？　したいか？　などを結構、考えました。

　自分は、オリジナルな発想を展開していくことがあまり得意でなく、先人の知見やデータを整理していくことしか出来ないという自己概念がありました。著名な心理臨床家は「整理屋になるな」とよくいわれます。これはPCAの文脈では「自分らしい実践」ということとつながっています。私の先の自己概念はこの業界に身を置いていると「肩身のせまい思いをしやすい」ものでした。

　しかし、オリジナルでなくても自分が地道にしてきたことは私にとっての人生だったはずだし、そこをこれからは大切にしていけばいいのではと思うようになりました。自分の歩みや自分の持っているものに思いをはせ、私に出来ることはPCAをきちんと世の中に伝えてゆくことだろうと思いはじめました。そんななかで、私がこれまで学んできたことを言葉にして残すようなPCAのテキストを書きたいという気持ちが湧いてきたというのが本書の個人的な背景です。

　そして、私が本書の「エピローグ」にいたって感じていることは、書き切ったという達成感はもちろんあるのですが、「自分はこの概念をまなびはじめた時にどう捉えていて、それが今変化したのか、していないのか？」「PCAをまなぶとはどういうことなのか？」などを改めて振り返り、「この概念をどのように説明してきたか？」「伝える際にどんな工夫ができるか？」などをまとめ、その結果できあがった本書は、「あれ、私

にも意外に私らしさがあったかも……」という体験になっているということです。「今まであまり大事とは思っていなかった自分の部分」を大切にすることで、「自分にはないと思っていたものに近づくことができた」ということは、まさに自己受容、体験過程の推進の体験となりました。

　この私のエピソードは、本書で述べたさまざまなことを具体的に考えるにも適した素材かなと思います。「このことはここと関連しそう」とか連想を膨らませていただくとよいかと思います。

　私にとってのPCAは、自分を広げてくれるベースになるものです。正直、先のいくつかの出来事を契機とした振り返りの体験で直接的に役に立ったのは「ロジャーズ」ではなく「フランクル」でした。しかし、それも今となっては「ロジャーズ」がベースにあっての「フランクル」だったと考えています。ロジャーズ理論は「背景にあるもの」「ささえるもの」なんだと思います。それだけにあえて語る必要があると思っています。そんな思いから、私のなかでは本書は「PCAを学ぶ：理論学習編」という位置づけです。本書をふまえた「PCAを学ぶ：体験学習編」「PCAを学ぶ：実習・実践編」なども展開できれば……などという淡い夢を描いています。線路は続きます。

　　目立たないけど大事な事
　　当たり前の事を大切にする
　　当たり前だから難しい
　　実は大きな意味を含んでいる
　　　潜行密用

2017年8月

坂中正義

読書案内

~ 学習の参考にしてください ~

◆併読をすすめる入門書

佐治守夫・飯長喜一郎編 (2011)『[新版] ロジャーズ　クライエント中心療法——カウンセリングの核心を学ぶ』有斐閣.

◆ステップアップの入門書

佐治守夫・岡村達也・保坂 亨 (2007)『カウンセリングを学ぶ (第2版) ——理論・体験・実習』東京大学出版会.

◆基本仮説について理解を深める

村山正治監修／本山智敬・坂中正義・三國牧子編著 (2015)『ロジャーズの中核三条件 一致——カウンセリングの本質を考える1』創元社.

飯長喜一郎監修／坂中正義・三國牧子・本山智敬編著 (2015)『ロジャーズの中核三条件 受容：無条件の積極的関心——カウンセリングの本質を考える2』創元社.

野島一彦監修／三國牧子・本山智敬・坂中正義編著 (2015)『ロジャーズの中核三条件 共感的理解——カウンセリングの本質を考える3』創元社.

◆ロジャーズ自身の著作にふれる (現在、入手しやすいもの)

Kirschenbaum, H. & Henderson, V.L. (Eds.) (1989) *The Carl Rogers Reader*. Houghton Mifflin.／伊東 博・村山正治監訳 (2001)『ロジャーズ選集 (上) カウンセラーなら一度は読んでおきたい厳選33論文』『ロジャーズ選集 (下) カウンセラーなら一度は読んでおきたい厳選33論文』誠信書房.

Rogers, C.R. (1942) *Counseling and Psychotherapy*. Houghton Mifflin.／末武康弘・保坂 亨・諸富祥彦訳 (2005)『カウンセリングと心理療法』(ロジャーズ主要著作集 第1巻) 岩崎学術出版社.

Rogers, C.R. (1951) *Client-Centered Therapy*. Houghton Mifflin.／保坂 亨・諸富祥彦・末武康弘訳 (2005)『クライアント中心療法』(ロジャーズ主要著作集第2巻) 岩崎学術出版社.

Rogers, C.R. (1961) *On Becoming a Person*. Houghton Mifflin.／諸富祥彦・保坂 亨・末武康弘訳 (2005)『自己実現への道』岩崎学術出版社.

Rogers, C.R. & Russell, D.E. (2002) *Carl Rogers: the Quiet Revolutionary*. Penmarin Books.／畠瀬直子訳 (2006)『カール・ロジャーズ 静かなる革命』誠信書房.

◆深める・広げる

Gendlin, E.T. (1990) The Small Steps of the Therapy Process: How They Come and How to Help Them Come. In G. Lietar, J. Rombauts, and R. VanBalen (Eds.) *Client-Centered and Experiential Psychotherapy in the Nineties*. Leuven. Leuven University Press.／池見 陽・村瀬孝雄訳 (1999)『セラピープロセスの小さな一歩――フォーカシングからの人間理解』金剛出版.

東山紘久編 (2003)『来談者中心療法』(心理療法プリマーズ) ミネルヴァ書房.

村瀬孝雄・村瀬嘉代子編 (2015)『全訂ロジャーズ――クライアント中心療法の現在』日本評論社.

◆用語や事項を調べる

日本人間性心理学会編 (2012)『人間性心理学ハンドブック』創元社.

Tuder, K. & Merry, T. (2002) *Dictionary of Person-Centred Psycology*. Whurr publishers／岡村達也監訳 (2008)『ロジャーズ辞典』金剛出版.

◆関連文献リスト (2017年6月時点での最新リストが以下の文献。毎年発行されている)

坂中正義 (2017)『日本におけるパーソンセンタード・アプローチに関する文献リスト (2016)』南山大学人間関係研究センター紀要「人間関係研究」16, 111-139.

◆関連団体・組織 (いずれもホームページがありますので検索してください)

関西人間関係研究センター
日本フォーカシング協会
日本人間性心理学会
日本・精神技術研究所
人間関係研究会
パーソンセンタード・アプローチ研究所
創元社セミナー
全日本カウンセリング協議会

引用・参考文献

〜 読書案内に掲載したものは除く 〜

Axline, V.M. (1964) *Dibs in Search of Self*. Basic Ballantine Books, NY. ／岡本浜江訳 (1972)『開かれた小さな扉』リーダーズダイジェスト社．／岡本浜江訳 (1987)『開かれた小さな扉——ある自閉児をめぐる愛の記録』日本エディタースクール出版部／新装版 (2008)．

Burry, P.J. (2008) *Living with 'The Gloria Films'*. Ross-On-Wye: PCCS Books. ／末武康弘監修／青葉里知子・堀尾直美訳 (2013)『「グロリアと三人のセラピスト」とともに生きて——娘による追想』コスモス・ライブラリー．

Elliott, R. (2013). Research. In Cooper, M., O'Hara, M., Schmid, P.F. & Bohart, A. C. (eds.), *The handbook of person-centred psychotherapy & counselling* (2nd ed.) pp.468-482, Palgrave Mcmillan.

Gendlin, E.T. (1964) A Theory of Personality Change. In Worchel and Byrne (Eds.) *Personality Change*. Wiley. ／村瀬孝雄訳 (1981)『体験過程と心理療法』ナツメ社．

Gendlin, E.T. (1968) The experiential response. In Hammer, E. (ed.), *Use of Interpretation in Treatment*. pp.208-227. Grune & Stratton.

Gendlin, E.T. (1978) *Focusing*. Bandam Books. ／村山正治・都留春夫・村瀬孝雄訳 (1982)『フォーカシング』福村出版．

Gendlin, E.T. (1986) *Let Your Body Interpret Your Dreams*. Chiron. ／村山正治訳 (1988)『夢とフォーカシング』福村出版．

Gendlin, E.T. (1996) *Focusing-Oriented Psychotherapy: A Manual of the Experiential Method*. Guilford Press. ／村瀬孝雄・池見 陽・日笠摩子監訳 (1998)『フォーカシング指向心理療法（上）体験過程を促す聴き方』．／(1999)『フォーカシング指向心理療法（下）心理療法の統合のために』金剛出版．

Gordon, T. (1970) *P.E.T.: Parent Effective Training*. Peter W. Wyden. ／近藤千恵訳 (1980)『親業——新しい親子関係の創造』サイマル出版会．

Gordon, T. (1974) *T.E.T.: Teacher Effectiveness Training*. Peter H. Wyden. ／奥沢良雄・市川千秋・近藤千恵訳 (1985)『教師学』小学館．

Gendlin, E.T. (1978) *Focusing*. Everest House. ／村山正治・都留春夫・村瀬孝雄訳 (1982)『フォーカシング』福村出版．

畠瀬 稔 (1977)『出会いへの道――あるエンカウンター・グループの記録（解説）』日本・精神技術研究所.
畠瀬 稔 (1990)『エンカウンター・グループと心理的成長』創元社.
畠瀬 稔・塚本久夫・水野行範 (2012)『人間中心の教育――パーソンセンタード・アプローチによる教育の再生をめざして』コスモスライブラリー.
畠瀬直子・畠瀬 稔・村山正治編 (1985)『カール・ロジャーズとともに――カール＆ナタリー・ロジャーズ来日ワークショップの記録』創元社.
東山紘久編 (2003)『来談者中心療法（心理療法プリマーズ）』ミネルヴァ書房.
池見 陽・吉良安之・村山正治・田村隆一・弓場七重 (1986)「体験過程とその評定――EXPスケール評定マニュアル作成の試み」人間性心理学研究, 4, 50-64.
伊藤義美・増田 實・野島一彦 (1999)『パーソンセンタード・アプローチ』ナカニシヤ出版.
伊藤義美・高松 里・村久保雅孝編 (2011)『パーソンセンタード・アプローチの挑戦――現代を生きるエンカウンターの実際』創元社.
泉野淳子 (2004)「日本におけるC.R.ロジャーズの導入とその広がり方」日本心理学会第68回大会ワークショップ「日本における臨床心理学の導入と受容過程」資料.
Joseph, S. & Worsley, R. (Eds.) (2005) *Person-centred psychopathology: Positive psychology of mental health.* PCCS Books.
Klein, M., Mathieu, P.L., Gendlin, E.T. & Kiesler, D.J. (1970) *The Experiencing Scale: A Research and Training Manual.* Madison Wisconsin Psychiatric Institute.
古賀一公 (2007)『ひとり学習のすすめ 理論編１――「過程による授業」から「場による授業」へ』生活書院.
國分康孝 (1992)『構成的グループ・エンカウンター』誠信書房.
Cooper, M. (2008) *Essential Research Findings in Counselling and Psychotherapy: The Facts are Friendly.* Sage Publications.／清水幹夫・末武康弘監訳／田代千夏・村里忠之・高野嘉之・福田玖美訳 (2012)『エビデンスにもとづくカウンセリング効果の研究――クライアントにとって何が最も役に立つのか』岩崎学術出版社.
厚生労働省／中央労働災害防止協会 (2008)『職場のソフト面の快適化のすすめ』中央労働災害防止協会.
Lieberman, M.A., Yalom, I.D. & Miles, M.B. (1973). *Encounter groups: First facts.* Basic Books.
MacKenzie, K.R. (ed.) (1992). *Classics in group psychotherapy.* The Guilford Press.
松本 剛・畠瀬直子・野島一彦編 (2005)『エンカウンター・グループと国際交流』ナカニシヤ出版.
Meador, B.D. (1971). Individual process in a basic encounter group. Journal of Consulting

Psychology, 18, 70-76.
Mearns, D. (1994; 2003 2ed) *Developing Person-Centred Counselling*. Sage Publications.／岡村達也・林 幸子・上嶋洋一・山科聖加留訳／諸富祥彦監訳解説 (2000)『パーソンセンタード・カウンセリングの実際——ロジャーズのアプローチの新たな展開』コスモス・ライブラリー.

村山正治 (1983)「ヒューマニスティク・サイコロジー」飯田 真・笠原 嘉・河合隼雄・佐治守夫・中井久夫編『パーソナリテリィ（岩波講座精神の科学第2巻）』, Ⅶ, 241-275, 岩波書店.

村山正治編 (2003)『ロジャーズ学派の現在（現代のエスプリ別冊）』至文堂.

村山正治・中田行重 (2012)『新しい事例研究法 PCAIGP 入門——パーソン・センタード・アプローチの視点』創元社.

村山正治・野島一彦 (1977)「エンカウンター・グループ・プロセスの発展段階」九州大学教育学部紀要（教育心理学部門）, 21(2), 77-84.

日本人間性心理学会 (2016)「日本人間性心理学会会則」日本人間性心理学会ホームページ https://www.jahp.org/ 会則 - 組織／ (2017.7.7).

野島一彦 (1983)「エンカウンター・グループにおける個人過程——概念化の試み」福岡大学人文論叢, 15(1), 33-54.

野島一彦 (1998)「クライエント中心療法——1950年代の理論」田原治編『クライエント中心療法』現代のエスプリ 374, 45-55.

野島一彦 (2000)『エンカウンター・グループのファシリテーション』ナカニシヤ出版.

Norcross, J.C. (ed.) (2011) *Psychotherapy Relationships That Work (2nd edition): Evidence-Based Responsiveness*. Oxford University Press.

岡堂哲雄編 (1997)『看護の心理学入門』金子書房.

小柳春生 (2015)「『ゆっくり生きる』ことを援助するエンカウンター・グループ——現代における E・G の社会的意義・再考」『ENCOUNTER 出会いの広場』26, 73-80, 人間関係研究会.

Rice, P. (1978) *The Steel Shutter*. Unpublished. doctoral dissertation, United States International University.／畠瀬 稔・東口千津子訳 (2003)『鋼鉄のシャッター——北アイルランド紛争とエンカウンター・グループ』コスモス・ライブラリー.

Prouty, G. (1994) *Theoretical Evolutions in Person-Centered/ Expperiential Therapy: applications to schizophrenic and retarded psychoses*. Praeger Publishers.／岡村達也・日笠摩子訳 (2001)『プリセラピー——パーソン中心／体験過程療法から分裂病と発達障害への挑戦』日本評論社.

Rogers,C.R. (1939) *The Clinical Treatment of the Problem Child*. Houghton Mifflin.／堀

淑昭編／小野 修訳 (1966)『問題児の治療(ロージャズ全集第1巻)』岩崎学術出版社.

Rogers,C.R. (1942) *Counseling and Psychotherapy*. Houghton Mifflin.／佐治守夫編／友田不二男訳 (1966)『カウンセリング(ロージャズ全集第2巻)』岩崎学術出版社.／友田不二男編／児玉享子訳 (1967)『カウンセリングの技術——ハーバート・ブライアンの例を中心として(ロージャズ全集第9巻)』岩崎学術出版社.

Rogers,C.R. (1951) *Client-Centered Therapy*. Houghton Mifflin.／友田不二男編訳 (1966)『サイコセラピィ(ロージャズ全集第3巻)』岩崎学術出版社.／堀 淑昭訳 (1967)「プレイ・セラピィ」畠瀬 稔編訳『プレイグループセラピィ・集団管理(ロージャズ全集第7巻)』岩崎学術出版社, 第3章, 第5章, 151-239.／友田不二男訳 (1967)「学生中心の教授」畠瀬 稔編訳『カウンセリングと教育(ロージャズ全集第5巻)』岩崎学術出版社, 第3章, 67-130.／西園寺二郎訳 (1968)「カウンセラーやセラピストの訓練」友田不二男編訳『カウンセリングの訓練(ロージャズ全集第16巻)』岩崎学術出版社, 第6章, 65-129.／友田不二男訳(1967)「パースナリティと行動についての一理論」伊東 博編訳『パースナリティ理論(ロージャズ全集第8巻)』岩崎学術出版社, 第4章, 89-162.

Rogers, C.R. (1957) The necessary and sufficient conditions of therapeutic personality change. Journal of consulting Psychology, 21, 95-103.／伊東 博訳 (1966)「パースナリティ変化の必要にして十分な条件」伊東 博編訳『サイコセラピィの過程(ロージャズ全集第4巻)』岩崎学術出版社, 第6章, 117-140.／伊東 博訳 (2001)「セラピーによるパーソナリティ変化の必要にして十分な条件」伊東 博・村山正治監訳『ロジャーズ選集(上)——カウンセラーなら一度は読んでおきたい厳選33論文』誠信書房, 第IV部, 16, 265-285.

Rogers, C.R. (1958) A process conception of psychotherapy. American Psychologist, 13, 142-149.／西園寺二郎訳 (1966)「サイコセラピィの過程概念」伊東 博編訳『サイコセラピィの過程(ロージャズ全集第4巻)』岩崎学術出版社, 第7章, 141-184.

Rogers, C.R. (1959) A theory of therapy: Personality and interpersonal relationships as developed in the Client-Centered framework. In S. Koch (ed.) *Psychology: A study of a Science, 3. Formulations of the Person and the Social Context*. McGraw Hill.／伊東 博編訳 (1966)「クライエント中心療法の立場から発展したセラピィ、パースナリティおよび対人関係の理論」『パースナリティ理論(ロージャズ全集第8巻)』岩崎学術出版社, 第5章, 165-278.／大石英史訳 (2001)「クライエント・センタードの枠組みから発展したセラピー、パーソナリティ、人間関係の理論」伊東 博・村山正治監訳『ロジャーズ選集(上)——カウンセラーなら一度は読んでおきたい厳選33論文』誠信書房, 17, 286-313.

Rogers,C.R. (1980) *A Way of Being*. Houghton Mifflin.／畠瀬直子監訳 (1984)『人間尊重

の心理学――わが人生と思想を語る』創元社．

Rogers, C.R. (1963) The concept of the fully functioning person. Psychotherapy; Theory, Research and Practice, 1, 17-26.／村山正治訳 (1967)「十分に機能している人間」村山正治編訳『人間論(ロージャズ全集第12巻)』岩崎学術出版社，第3章, pp.61-86.

Rogers, C.R. (ed.) (1967) The Therapeutic Relationship and its Impact: A Study of Psychotherapy with Schizophrenics. The University of Wisconsin Press.／友田不二男編・手塚郁恵訳 (1972)『サイコセラピィの研究――分裂病へのアプローチ(ロージャズ全集第19巻)』岩崎学術出版社．／古屋健治編・小川捷之・中野良顕他訳 (1972)『サイコセラピィの成果――分裂病へのアプローチ(ロージャズ全集第20巻)』岩崎学術出版社．／伊東 博編訳 (1972)『サイコセラピィの実践――分裂病へのアプローチ(ロージャズ全集第21巻)』岩崎学術出版社．

Rogers, C.R. (1969) *Freedom to Learn*. Charles E. Merrill Publishing Company.／友田不二男編／伊東 博・古屋健治・吉田笄子訳 (1972)『創造への教育(上)――学習心理への挑戦(ロージャズ全集第22巻)』岩崎学術出版社．／友田不二男編／手塚郁恵訳 (1972)『創造への教育(下)――学習心理への挑戦(ロージャズ全集第23巻)』岩崎学術出版社．

Rogers,C.R. (1970) *Carl Rogers on Encounter Groups*. Harper & Row.／畠瀬 稔・畠瀬直子訳 (1973)『エンカウンター・グループ――人間信頼の原点』ダイアモンド社．／畠瀬 稔・畠瀬直子訳 (2007)『新版 エンカウンター・グループ――人間信頼の原点を求めて』創元社．

Rogers, C.R. (1972) *Education*, Project Innovation.／金沢カウンセリンググループ・畠瀬 稔訳 (1980) エデュケーション, 関西カウンセリングセンター．

Rogers,C.R. (1977) *Carl Rogers on Personal Power*. Delacorte Press.／畠瀬 稔・畠瀬直子訳 (1980)『人間の潜在力――個人尊重のアプローチ』創元社．

Rogers, C.R. (1983) Freedom to Learn for the 80's. Bell & Howell Company.／友田不二男監訳 (1984)『自由の教室(新・創造への教育1)』／伊東 博監訳 (1984)『人間中心の教師(新・創造への教育2)』／友田不二男監訳 (1985)『教育への挑戦(新・創造への教育3)』岩崎学術出版社．

Rogers,C.R. (1986) A Client-centered/ Person-centered Approach to Therapy. Kutash, I. & Wolf, A.(Eds.) *Psychotherpist's Casebook*. Jossey-Bass.／中田行重訳 (2001)「クライエント・センタード／パーソンセンタードアプローチ」伊東 博・村山正治監訳『ロジャーズ選集(上) カウンセラーなら一度は読んでおきたい厳選33論文』誠信書房, 第Ⅱ部 10, 162-185.

Rogers, C.R. (1987) Rogers, Kohut and Erikson: a personal perspective on some similarities and differences. In Zeig, K.J. (ed.) *The Evolution of Psychotherapy*. Brunner/Mazel. ／村山正治訳 (1989)「ロジャーズ、コフート、エリクソン──ロジャーズからみた相似点と相違点の考察」成瀬悟策監訳『21世紀の心理療法I』303-320, 誠信書房．

Rogers, C.R. ／畠瀬 稔監修／加藤久子・東口千津子共訳 (2007) 英和対訳『ロジャーズのカウンセリング (個人セラピー) の実際』コスモス・ライブラリー．

Rogers, C.R. & Freiberg, H.J. (1994) *Freedom to Learn*, 3rrd ed., Merrill. ／畠瀬 稔・村田 進訳 (2006)『学習する自由』コスモス・ライブラリー．

Rogers, N. (1993) *The Creative Connection for Groups: Person-Centered Expressive Arts for Healing and Social Change*. Publisher: Science & Behavior Books, Inc. ／小野京子・坂田裕子訳 (2000)『表現アートセラピー──創造性に開かれるプロセス』誠信書房．

坂中正義 (2006)「パーソナリティをどう捉えるか？」小泉令三編『図解：子どものための適応援助』北大路書房, 第2章, 21-46.

坂中正義 (2012a)『ベーシック・エンカウンター・グループにおけるロジャーズの中核3条件の検討──関係認知の視点から』風間書房．

坂中正義 (2012b)「パーソン・センタード・アプローチの立場からの構成的エンカウンター・グループの事例──C.R.Rogersの中核3条件を中心に」福岡教育大学紀要, 61(4), 37-47.

坂中正義 (2014)「クライエント中心療法におけるロジャーズの中核三条件」人間性心理学研究, 32(1), 5-11.

坂中正義 (2017)『パーソンセンタード・アプローチの実践家を育てるための視点と提言──心理臨床家に焦点をあてて』南山大学紀要「アカデミア」人文・自然科学編, 14, 65-90.

Thorne, B. (1992) *Carl Rogers*. Sage Publications. ／諸富祥彦監訳／上嶋洋一・岡村達也・林 幸子・三國牧子訳 (2003)『カール・ロジャーズ』コスモス・ライブラリー．

高松 里 (2004)『セルフヘルプ・グループとサポート・グループ実践ガイド──始め方・続け方・終わり方』金剛出版．

Yalom, I.D. (1995; 4th ed. 2005; 5th ed) *Theory and Practice of Group Psychotherapy*. Baslc Books. ／中久喜雅文・川室 優監訳 (2012)『グループサイコセラピー──理論と実際』西村書店．

Walker, A.M., Rablen, R.A. & Rogers, C.R. (1960) Development of a scale to measure process changes in psychotherapy. Journal of Clinical Psychology, 1, 79-85. ／大石尚子訳 (1966)「サイコセラピィにおけるプロセスの変化を測定するスケールの発展」伊東 博編訳『サイコセラピィの過程 (ロージャズ全集第4巻)』第9章, 233-245, 岩崎学術出版社．

索 引

ページ数字の**太字イタリック体**は、その語が当該ページの見出しもしくはキーワード欄に含まれていることを示している。
ページ数字の下線は「コラム」ページに掲載されていることを、**ゴシック体**は章の内容として頻出することを、示している。

[ア]

アカデミー賞 22
アクスライン, V.M. 18, 146, 149, 150
アクティブリスニング →積極的傾聴
アスピー, D. 152
アスピー尺度 *152*, 146, 152, 154
アセスメント 17, 176
あたかも〜ごとく 48
アート・セラピー 166
アドラー心理学 79
あのとき、あそこ(/今ここ) 130
アパルトヘイト 164
アメリカ心理学会(ロジャーズ) 18, 24
　　〜科学貢献賞 19
　　〜特別職業貢献賞 23
アメリカ予防精神医学会 24
ありよう 33(態度も)
暗在的(/明在的) 94, 97
安心感 135
安全・信頼 114
暗に豊かな意味を含む 35
飯長喜一郎 24
いかにあるか 171
如何に学ぶか 172
生きているもの 41
EG →エンカウンター・グループ
意識(/無意識) 79
維持、強化 41
依存 161
一面的な見方への極端な偏り 81
一致(/不一致) 19, 33, 35, 42, 43, 44, 46, 49, 50,
　59, 62, 74, 81, 156(中核三条件も)
　〜における表明 127
　〜の伝達 72, 77, 127
　不〜 43, 44, 50, 61, *74*
　五つの要素 49
伊東 博 21
居場所づくり 160
茨城キリスト教短期大学 21
異文化 163, 165
イマキュレート・ハート(プロジェクト) 22,
　24, 39, 146, ***151***
今ここ(/あのとき、あそこ) 51, 52, 74, *89*, 130,
　130, 131, 132, 135, 149, 168
意味 52
　顕在的〜/潜在的〜 36
井村恒郎 21
イメージ 104
癒し 166
医療 145, ***159***
インシデントプロセス法 162
インストラクション 99
インターン(ロジャーズ) 15
ウィスコンシン大学(ロジャーズ) 14, *19*, 24
ウィスコンシン・プロジェクト 20, 35
ウィリアムソン, E.G. 17
受け取る 102(フォーカシングの手順)
内なる未知 53
内側からの声 119
エクササイズ 116
エリオット, R. 78
エリクソン, M. 80

エリス, A. 25
エンカウンター 38
エンカウンター・グループ 22, 37, 38, 39, **109-141**, 145, 152, 159, 162 (頻出)
　〜における必要十分条件 126
　〜の効果 138
　〜の今日的意義 141
　〜のバリエーション 114
　〜発展段階 133
　観察者としての〜 167
　教育者のための〜体験 153
　教室でのベーシック・〜 157
　研修型〜 114
　構成的〜 **115**, 116
　国際的な〜 163, 165
　在日外国人のための〜 165
　対立宗教間の〜 39
　多文化間〜 165
　多文化間相互理解〜 165
　人種間の〜 39
　働く人のための〜 157
　非構成的〜 115, <u>116</u>
　働く人のための〜 157
　留学生の支援のための〜 165
『エンカウンター・グループ』 23, 24, 37, 125
『Encounter Groups』 138, <u>140</u>
援助論 57, 62
遠藤 勉 21
応答的な態度 31
オウム返し 25
大甕 21
置く 104
教えない教育 39
おそるおそるの実践 178
オノマトペ 156
オハイオ州立大学 (ロジャーズ) **17**, 24
オブザーバー 167
親業 18, 38, 39, 146, 151
親と子どもの信頼関係 →信頼関係

親の会 161
オリエンテーション 117

[カ]
解釈 夢の〜 **105**, 106
解説 125
ガイド 98, 99
介入的援助 148
開発的・予防的アプローチ 38, 153
開放的態度形成 137
解離性同一症 (解離性同一性障害) <u>63</u>
カウンセラー (頻出)
　〜の三条件 153
　〜の自己表明 72
　〜の自己理解の必要性 33
　〜の態度条件 19, 32, 33, 44, 64
　〜のトレーニング 87
　〜の三つの態度 42
　〜養成 19, 38
カウンセリング (頻出)
　〜の学習プログラム 172
　〜の効果 76, 77, <u>78</u>
　〜の録音記録 86, <u>88</u>
　〜マインド 153
　〜・ワークショップ 19, <u>21</u>
　教育〜 175, 177
　試行〜 175
　指示的〜 176
　パーソンセンタード・〜（セラピー）37
　非指示的〜 →非指示的カウンセリング
　臨床的〜 30
『カウンセリングと心理療法』 17, <u>21</u>, 30, 32
カウンセリングマインド 153
関わり 128
学習 174
　学習者中心の〜 39, 153
　実習 173
　シミュレーション〜 174
　総合的な〜の時間 153

索　引

　　体験～　173
　　ひとり～　39
　　理論～　*173*
学習者（学生）中心の教育　22, 23, 34, 146, *151*
確認する　48, *66*
仮説　41
家族　*146*, 159
　　～関係　23
語りを味わう・響かせる　*66*
語る／聴く　114
型を学ぶ　178
価値　52
　　～観　61, 148
　　～の条件　61, 62,
学校教育　116, *151*, 153
学校教育相談　→教育相談
家庭（生活）　34, 54, 145
仮面の剝奪　132（15の現象）
からだ　106
　　～の感覚　88
　　～の感じ　104, 156
『カール・ロジャーズとともに』　23
感覚　～に注意を向ける　93
　　あいまいで豊かな～　104
　　状況も含んだ～　93
　　背景～　104
　　もとになった～　94
　　より奥の～　104
環境　80
関係
　　～改善　39, 147, 157
　　～構築　44, 45
　　～性　81
　　～認知　49
　　～療法　16, 32
看護師教育　39, 159（ナース・カウンセリングも）
患者　17, 159
感受性訓練　111
感情　74

　　～が変化するとき　90
　　～と個人的意味づけ　74
　　～の反射　68（積極的傾聴），*69*
　　～の明確化　68（積極的傾聴），*69*
　　いまの～　148
　　過去～の述懐　130（15の現象）
　　グループ内における瞬時的対人～の表明　131（15の現象）
　　都合のよい～　46
　　都合の悪い～　46
　　否定的～の表明　131（15の現象），134（エンカウンター・グループ発展段階）
関心を示す　65
緩和ケア　159
キースラー，D.J.　20
北アイルランド　39, 124, 163
気づき　35
機能
　　現実接触～　45
　　コミュニケーション接触～　45
技法　18, 116, *128*
　　態度の発言や伝達としての～　68
基本仮説　40
基本的出会い　132
気持をわかろうとする　65
逆転移　79
客観性　17
休憩時間　119
「9歳から13歳の児童の人格適応の測定」　24
教育　18, 23, 34, 54, 145
　　～カウンセリング　175
　　～実験プロジェクト　22
　　～相談　38, 146
境界性パーソナリティ障害　→パーソナリティ障害
共感　25, 79
　　～性　120, 160
共感的理解　33, 35, 42, 43, 46, 49, 50, 62, 77, 81, 103, 125, 126, 129, 154（中核三条件も）

クライエントの体験としての〜　48
　　セラピストの体験としての〜　48
教師(教員) 〜の一致　154
　　〜の自己評価　152
　　〜の積極的関心　154
　　〜のバーンアウト　155
教示　99
教師学　18, 39, 146, 151
共生の場　160
共創　162
共通基盤　139
共鳴させる　99
記録映画(映像)　123, 167
金魚鉢方式　167
空間をつくる　99
クーパー，M.　78
『クライエント中心療法』　18
クライエント　*17*, 31, 112
　　〜に伝える　46
　　〜の主観的事実　34
　　〜や学生側の体験記録　34
クライエント中心　18, 20, 30, **32**, 35, 36, 37, 38, 40, 57, 159
　　〜の体系　34
　　〜の誕生　17
『クライエント中心療法』　<u>21</u>, 24, 32, 34, 35, 42
「クライエント中心療法の立場〜」　33
クライエントとしての存在　103
クリアリング・ア・スペース　104
繰り返し　69
グリーフワーク　166
グループ
　　〜が生み出すもの　128
　　〜・セッション外での援助的関係の出現　132(15の現象)
　　〜での話合いや学び　111
　　〜としてのまとまり　135
　　〜内での行動の変化　132(15の現象)

〜内の治癒力　131
〜の安全性　131
〜の意味　111
〜の構成　113
〜の信頼感　131
〜のすすめ方　113
〜の重心　128
〜の重要性　38
〜の目的・同一性　**133**
〜を複眼的に理解　113
サブ〜　128
サポート〜　39, 159, **161**
サポートを目的とした〜　114
集中的〜経験　111, 112, 141, 152
セルフヘルプ・〜　**161**
グループアプローチ　38, 39, 41, 111, 139, 141, 145
　　〜のOS　141
グループカウンセリング　38
グループ体験　38, **175**
　　参加者中心の〜　19
　　集中的〜　111
グループ中心心理療法　34
グループ中心リーダーシップ　34
グループの実現傾向　→実現傾向
グループプロセス　**129**, 141
　　〜のモデル化　133
『グロリアと3人のセラピスト』　<u>22</u>, <u>25</u>
経験　33, 44, 58, 60
迎合する　47
芸術療法　106
傾聴　125, 135, 158, 175 (積極的傾聴も)
　　〜トレーニング　174
ゲシュタルト療法　<u>25</u>, 80, 106
『結婚革命』　24
検閲　19, 20, 105
言語学　91
顕在化　35
顕在的意味　→意味

索　引

研修型エンカウンター・グループ　→エンカ
　　ウンター・グループ
現象学　52
建設的人格変化　50
建設的・成長的方向　41
効果　78
　　～研究　138, 140
　　ファシリテーターの捉えた～　139
　　メンバーの捉えた～　138
　　カウンセリングの～　→カウンセリング
構成的グループ・エンカウンター　153
構成的エンカウンター・グループ　→エンカ
　　ウンター・グループ
構造化　31
肯定的にとらえる　47
『鋼鉄のシャッター』　23, 124, 163
行動主義　19
行動療法　80, 85, 106
　　認知～　78
効率化　116
国際
　　～関係　54
　　～交流　146
　　～紛争　146
　　～平和（プロジェクト）　23, 145, 163
国際キリスト教学生会議（ロジャーズ）　14, 24
心の片づけ　141
心の声に耳を傾ける時間　142
個人
　　～アプローチ　145
　　～的構成概念　75
　　～の責任　52
　　～の尊重　17
　　～の変化　138
　　～プロセス　136
言葉　91
　　～が指し示す対象　91
子ども　146
『子ども中心のプレイセラピー』　146, 160

ゴードン, T.　18, 38, 146, 148
ゴードン・メソッド　18, 146, 147
コ・ファシリテーター　→ファシリテーター
コフート, H.　79
コミュニティ　54, 113, 145, 160
　　～セッション　113
『これが私の真実なんだ』　124
コロンビア大学（ロジャーズ）　15, 16, 24
個人的に意味のある事柄　131

[サ]
『サイコセラピーとパーソナリティの変化』
　　24
最終セッション　122, 136
在日外国人　39
催眠療法　80
佐治守夫　21, 24
サブグループ　→グループ
サポート　47
　　～グループ　→グループ
　　～システム　160
サリヴァン, H.S.　89
産業　54
　　～カウンセリング　146, 157
参照軸　51
ジェンダー　23
ジェンドリン, E.T.　20, 30, 35, 36, 37, 85
シカゴ大学時代（ロジャーズの）　18, 24, 111
ジグザグ　96
私見は控える　67, 128
自己愛性パーソナリティ障害　→パーソナリ
　　ティ障害
自己概念　33, 44, 51, 58, 59, 60, 61, 63, 74, 76
　　固定的な／柔軟な～　60, 75
自己実現　32, 51, 52, 138
　　～傾向　51
　　～している人間　51
『自己実現への道』　24, 37
自己受容　31, 77, 79, 173

199

〜と変化 131（15の現象）, *131*
自己の伝達 75
自己理解 17, 19, 42, 87, 112, 114, 132, *137*, 171, 177（他者理解も）
　学習者自身の〜 171
支持（的）47, 79
指示的
　〜アプローチ 31（非指示的も）
　〜カウンセリング 17, 30, 31（非指示的も）
指示-非指示論争 18
自信 32
自身との対話（／他者との対話）*172*, 175, 176, 177, 178
『静かなる革命』（静かな革命）23, 24
実感 94
実現傾向 31, 40, *41*, 42, 50, 62, 73, 81, 126, 175, 177
　〜への信頼 80
　メンバーの〜 129
　グループの〜 129
実施群 20
実習 172
実証的研究 17, 19, 78, 80
実践を積み重ねる 178
実存的（主義）51, 52
視点 128
児童虐待 63
児童虐待防止協会（ロジャーズ）24
児童・生徒・学生中心の学習 →学習
児童相談所（ロジャーズ）15, 24
自発性（的・的参加）80, 114, 115, 116, 125
シフト 97
自分
　〜が何者か 142
　〜らしい実践 179
　〜を道具にする 42,
自閉症スペクトラム 44, 63
嗜癖 161
死別 161
シミュレーション学習 174

社会の歪み 81
社会問題 54
自由 52
宗教 165
　〜哲学 19
終結段階 →段階
集合図 33
自由行動 119
15の現象 130
集団 145
　〜の葛藤 34
　〜精神療法 38, 111, 141
集中／継続 114
集中的グループ体験 →グループ
自由な表現を促進 31, *51*, 52, 77, 138
重要他者 61
主観的体験 51
授業評価スケール 152
主体性（的）32, 80, *137*, 171
守破離 177
受容 68（積極的傾聴）, 125
　〜線 147, 148
　〜的温かさ 31
　単純な〜 68
条件つきの積極的関心 47, 61（無条件の積極的関心も）
象徴 91, 92
象徴化 36, 92, *93*, 95, 96
　〜の過程 96
　〜の結果 92
　適切な／不適切な〜 92, 93, 97
情緒障害 150
情緒的根幹 31
焦点づけ 74
勝負なし法 148
職場環境改善 158
自立性 32
事例（研究・検討・報告）13, 73, 76, 162, *175*, 179
人格変化 36, 49
神経症 63

索　引

人種差別　23
身体　（からだも）
　〜感覚　35
　〜接触　125
　〜表現　125
診断　63
神秘的　53
親密感の確立　135
信頼
　自身への〜　52
　無意識への〜　80
　相互の〜感　135
信頼関係　147
　親と子どもの〜　38
心理
　〜援助　145
　〜診断　49
心理的
　〜成長　38, 51, 111, 112, 114, 116, 138
　〜危機　19
　〜接触　44, 45, 50, 72
　〜に安全な　47, 50
　〜不適応　63
心理療法以外のフィールド　36
心理臨床家の訓練　34
推進　36, 97, 105
スキナー, B.F.　80
スケジュール　*113*
すすめ方　*113*
スタンフォード大学（ロジャーズ）　24
ステップ　97
ストランズ　74, 88, 136
スーパービジョン　18, *175*, 179
スピリチュアリティ　52, *165*
制限　31,
精神科医　20
精神障害　44, 159
精神的健康／不健康　57
精神病　45, 63
精神病理学　63

精神分析　32, *79*, 80, 85, 105, 176
成長　146
生徒　154
　〜指導　38
西部行動科学研究所　20, 24
積極的傾聴（アクティブリスニング）　68, 70, 148, 157
　〜法トレーニング　39
積極的に選択　32
接触
　〜反射／機能／行動　45（反射も）
　〜機能　45（機能も）
　〜行動　45（行動も）
折衷主義　116
セラピスト　53
　〜が気づいていること　46
　〜としての機能　103
　〜の共通基盤　77
　〜の特性　17
セルフヘルプ　98
　〜・グループ　87, 159, *161*
世話人　112
前概念的有機体的　35
潜在的　35
　〜意味　→意味
全人的成長　151
先入観　47
専門知識　49
総合的な学習の時間　38
相互
　〜関係　135（エンカウンター・グループ発展段階）
　〜作用　36
　〜信頼の発展　*135*
　〜理解　132
創造性　166
創造的な適応　51
『創造への教育』　22, 24, 37
促進　〜される人間関係　126
　〜者　112

組織 41, 54, *157*
ソーシャル・ワーク 146, 160
ソーン, B. 53
存在そのもの 47, 61
損傷率 140
ソーン・スナイダー論争 18

[タ]
大規模ワークショップ 23
対決 125, 132（15の現象）, 135
体験
　〜の解釈 76
　〜の流れ 74
　〜的応答 105
　〜的ステップ *97*
　〜に開かれる 51
　〜の仕方 35
　〜の流れ 35
　〜のふれ方 35
　複雑な〜 91
体験学習 172
体験過程 35, 36, 51, 58, 59, *74*, 75, 89, 105, 173
　〜スケール 86, 88
　〜のヴァリエーション 63
　〜の推進 97
　〜療法 35, 40, 98
　〜理論 20, 35, **83-107**, 85, 86, *87*
　〜レベル 86, 87, **88**, 98
　解離した〜 63（解離した／壊れやすい／困難な／精神病的）
対人援助 42, 115
　〜の土台・OS 49
対人関係の様式 76
態度 18, 33, 64, 116, *128*, 174
　〜と首尾一貫された技法 33
　〜を具現化する視点・関わり 64
　人間尊重の〜 33
　パーソンセンタードな〜 42, 43, 102
　ひとつのまとまった〜 49, 53

対等性 161
態度条件 48
　〜の測定法 20
第4条件 53
他者
　〜援助 *137*
　〜との対話 179
　〜理解 112, 114, 177（→自己理解も）
尋ねる *101*
他人の期待 52
多文化理解 145, 146, *163*, 165
段階 導入／展開／終結〜 133（エンカウンター・グループ発展段階）
ダンス・ムーブメント 166
地域社会 160
逐語記録（検討）17, 32, 33, 34, *70*, 73, 167, ***175***, 179
知的能力障害 45
チーム医療 146, 159
中央アメリカの緊張 164
中核三条件 17, 42, 53, 62, 64, 68, 73, 74, 79, *102*, 152, 153, 171, 173
注釈 125
中米の政治紛争 23
チューダー, K. 53
調和的関係 52
直接体験 123
直接のレファランス 96（リファーも）
直観的自己 53
『治療的関係とそのインパクト』24
「治療的人格変化のための必要十分条件」19, 33, 42, 43, 50, 51
沈黙を避ける 133
出会い（エンカウンター）38, 112
出会い　基本的〜 132（15の現象）
　自己との／他者との〜 38, 112, 114
『出会いへの道』22, 24, 123, 124
Tグループ 111
抵抗 119, 120, 130（15の現象）

索　引

個人的表現または探求に対する〜
適応的なパーソナリティ　→パーソナリティ
徹底した自制　32
テロ　164
転移／逆転移　25
展開段階　133
伝達　48
動因　41
同感　48
統合失調型のパーソナリティ障害　→パーソナリティ障害
統合失調症　18, 20, 35, 63
洞察　31, 32, 76, 79
当事者性　161
同情　48
統制群　20, 140
同調する　47
道徳教育　38, 153
導入段階　133
当惑・模索　133
友田不二男　21
ドラマ　166
トランスパーソナル心理学　165
トルアックス, C.B.　20
トレーニング　パーソンセンタード・カウンセリングの〜　73

[ナ]
内在　41
内的関係　102
内的対話　128, 171
内部照合枠　48
内容モデル（／抑圧モデル）87, 89
仲間やつながりを持つ　179
ナース・カウンセリング　146, 159
日程　117
人間観　42, 80, 152, 173
人間関係

〜親密化プロセス　137
ある種の〜　40, 42, 49, 51
人間研究センター　22, 24, 163
人間性
〜回復運動　111, 141
〜教育　38, 153
〜心理学　52, 79
人間疎外　141
人間存在への全体的接近　52
人間尊重（の姿勢・態度）　33, 37, 42
『人間尊重の心理学』　23, 24, 37
人間中心の教育　155
人間の可能性　52
『人間の潜在力』　23, 24
人間理解の深化・拡大　137
認知行動療法　→行動療法
ネグレクト　63
能動的な聴き方　148
野島一彦　129, 133, 134, 136
ノーベル平和賞候補　23

[ハ]
背後の気持ち　120
破壊的・病理的方向　41
パーソナリティ　44, 89
〜の変化　87
〜発達　61
〜論（理論）　33, 57, 58, 63
全体的〜　60
適応的な〜　60
パーソナリティ障害　63（境界性／自己愛性／統合失調型の／反社会性）
パーソンセンタード
〜精神病理学　62
〜な態度　42, 43, 102
〜な基本仮説　126
パーソンセンタード・アプローチ　13, 22, 27-53, 57, 108, 111, 112, 116, 129, 145, 146, 149, 151, 169-179

203

〜の流れとも統合　108
〜の人間観　152
〜の拡がり　35, 38, 153
〜の萌芽　18
〜フォーラム　165
パーソンセンタード・カウンセリング（セラピー）　37, 40, 57, **55-81**, 128, 139
『パーソンセンタード精神病理学』　63
畠瀬 稔　*21*, 138
働きやすい環境づくり　39
働く人のためのEG　→エンカウンター・グループ
発想　デジタル／アナログな〜　49
発達障碍　159
パーティ　121
母親のケース　31
母親面接　41
ハーバート・ブライアン　17, 32
場面構成　*68*
パールズ, F.　25, 52, 106
反射　45
反社会性パーソナリティ障害　→パーソナリティ障害
ハンドル　*100*
半歩後ろからついていく　*66*
ピアサポート　98
ピア・ファシリテーター　→ファシリテーター
被害者　161
PCAGIP（ピカジップ）　*162*
ひきこもり　161
悲劇　52
PCA（ピーシーエー）　→パーソンセンタード・アプローチ
非指示的（／指示的）
　〜アプローチ　17, 31
　〜カウンセリング　17, 18, **30**, 33, 38, 40, 57
　〜技法　33
　〜教育　18

〜リード　68（積極的傾聴），*70*
ピース・プロジェクト　164
必要十分条件　40, 42, 77, 126, 127, 141
PTSD　63
否定的感情の表明　*134*
否定的にとらえる　47
人の話を正確にきく力　*142*
ひとり学習　146, **155**
非日常／日常　115
否認　59, 60, 89
評価　61
表現アートセラピー　165, 166
表現力　*156*
平等に漂う注意　79
表明　46, 125, 128, 131
　〜の拡大解釈　46
　肯定的感情と親密さの〜　132（15の現象）
　個人的に意味のある事柄の〜と探求　131（15の現象）
　この場への個人的感情の〜　134
　自己〜　135
　率直な気持ちの〜　135
『開かれた小さな扉』　150
拡がり　異文化・多文化間コミュニケーションにおける　39
　医療領域での〜　39
　家庭における〜　38
　企業における〜　39
　教育における〜　38
　社会的葛藤問題における〜　39
ファシリテーション　125, *123*, 128, 141
　〜技法　129
　〜はメンバーも担う　*129*
ファシリテーター　22, 38, 53, 112, 115, 116, 117, 123, 124, 125, 126, 127, 128, 133, 134, 135, 136, 152, 161, 163
　〜研修・養成　22, *166*, 167
　〜の捉えたEGの効果　138

索　引

コ・〜　*168*
ピア・〜　*167*
ファミリー・グループ　*150*, 150, 151
不一致　→一致
フィードバック　125, *132*, 135
フェルトセンス　36, 93, 94, 96, 98, *100*, 106
フォーカサー　*98*, 102
フォーカシング　72, *83-107*, 145, 175, 177
　〜の手順　*99*
　〜の変化　95, 96, 97,98, 99, 100, 103
　技法としての〜　36, 97
　現象としての〜　97
　夢〜　103
　〜指向心理療法
　〜の原理　*98*
フォーカシング指向心理療法　30, 35, 37, 40, 85, 87, *98*, *103*, *106*, 108
フォックス, L.　21
深い相互関係と自己直面　*135*
福祉　145, *159*, 160
ふたつの対話　19（行動主義, 宗教哲学も）
不登校　161
フライバーグ, H.J.　151
プラウティ, G.　45, 63
フランクル, V.　52
プリセラピー　44, 45, 63, 72, 146, 159
プレイセラピー　73, 146, 149
プレイルーム　150
プレゼンス　25, 49, 53
フロイト, S.　89, 105, 106
プロセス　36
　〜研究　85, *86*
　〜を意識する　*67*, 76
　〜を経ての成果　176
　開放的態度形成　137（個人プロセス）
　個人〜　*136*, 141
　固着的ではない〜　52
　自己理解・受容〜　137（個人プロセス）
　主体的・創造的探求〜　137（個人プロセス）

創造していく〜　52
他者援助〜　137（個人プロセス）
人間関係親密化〜　137（個人プロセス）
人間理解深化・拡大〜　137（個人プロセス）
まなぶ〜　174, *176*
プロセススケール　45, 74, 76, 77, 85, 86, 88, 124, 136
プロセスモデル　74
プロセス論　57, *73*
フロム, E.　52
紛争解決　163
べき思考　52
ペースダウン　*65*
変性意識状態　53
防衛的　74
堀 淑昭　21

[マ]
マイノリティ　161
マインドフルネス　80
マクロ次元　73
正木 正　21
まずは体験・学習してみる　*177*
マズロー, A.H.　51, 52
待つ・急がない　*66*
学ぶプロセス　→プロセス
まねぶ　177
満足できる目標　32
ミクロ次元　73
みずから模索を引き受ける　*64*
ミス・マン　25, 19, 68, *70*
みせかけ　52
認める　104
南アフリカ共和国　23, 39, 164
ミネソタ大学（ロジャーズ）　17
ミュージック　166
民主的な組織運営　19
無意識（／意識）　79, 105
　〜への信頼　→信頼

205

無関心　47
無条件の積極的関心　33, 35, 42, 43, 46, 49, 50, 61, 62, 77, 79, 81, 103, 126, 129（中核三条件も）
　クライエントの体験としての〜　48
　セラピストの体験としての〜　47
　存在への〜　48
6つの条件　→必要十分条件
6つのストランズ　136
村瀬孝雄　21
村山正治　21, 52, 133, 134
ミアンズ, D.　45, 53, 63
メイ, R.　52
明在的（／暗在的）　94, 97
明示的　36
メリー, T.　53
面接　65
メンタルヘルス　157
　〜研修　39
メンバー　112, 113, 125, 126, 127, 129, 131, 135, 136
　〜の実現傾向　→実現傾向
　〜の捉えた効果　→効果
　目立つ〜　134
もうひとつの特質　53
模索　130（15の現象）
文字　91
もっている力　41
森田療法　80,
『問題児の治療』　16, 24, 32
問題との関係　**76**

[ヤ]
8つの基本原則　**149**
ヤーロム, I.D.　140
有機体　41, 126
遊戯療法　18, 34, 149
ユニオン神学校（ロジャーズ）　15, 24
『夢とフォーカシング』　105

夢の解釈　→解釈
夢フォーカシング　→フォーカシング
ユング, C.G.　105, 106
ユング心理学　79
よいところに注目する　47
抑圧　89, 105
抑圧モデル（／内容モデル）　87, 89
抑うつ障害　63
よくみられる15の現象　130

[ラ・ワ]
ライティング　166
来日（ロジャーズ）　14, 20, 23
羅針盤　51
ラホイヤ・プログラム　22
ランク, O.　16, 32, 79
乱暴な息子を持った母親（ロジャーズ）　**16**
理解
　〜の倍率　128
　内部照合枠からの〜　48,
リスナー　**98**, 175
リーダー　**116**
リーダーシップ
　〜・スタイル　**140**
　〜をスタッフで共有　19
リファー　36, 96
留学生　39
理論
　〜学習　172
　〜の意味　13
　〜は体験の参照軸　173
　さまざまな〜・技法の統合　106
　十分に機能する人間についての〜　34
　セラピーの〜　34
　対人関係の〜　34, 35
　人間の活動に対する〜的示唆　34, 35
　パーソナリティ〜　34
　ロジャーズ〜　21, 40

索　引

臨床心理学　54
『臨床心理学』　21
ルスト・ワークショップ　23, 164
レヴィン, K.　111
録音テープ　167
『ロージァズ選書』　21
ロジャーズ, C.R　13, 25, 52, 53, 57, 68, 111,
　130, 136, 151, 166 (頻出)
　〜の記述　**125**
　〜の現象学的視点　34
　〜の中核三条件　42, 43
　〜の人間観　155
　〜の発想　30
　〜理論　→理論
ロジャーズ, N.　166
『ロジャーズ全集』　21
ロチェスター児童虐待防止協会 (ロジャーズ)
　16
ロールプレイ　147, 174, 175
論理情動行動療法　25
歪曲　59, 60
ワーク　116, 125
ワークショップ　20, 21, 65
　大規模〜　23
私でなくなる　89
私メッセージ　**148**

◆著者紹介（本書掲載順）

田村隆一（たむら・りゅういち）
執筆担当【第3章・コラム7, 8】
1962年　広島県生まれ。
1986年　九州大学教育学部卒業。
1991年　九州大学大学院教育学研究科博士後期課程（教育心理学専攻）退学。
1991年　九州大学教育学部助手。
1992年　福岡大学人文学部専任講師・助教授を経て、教授（2000年）。
著書に『人間性心理学ハンドブック』共編著（創元社, 2012年）、『クライエント中心療法と体験過程療法』共著（ナカニシヤ出版, 2002年）、『フォーカシングの展開』共著（ナカニシヤ出版, 2005年）、『ロジャーズの中核三条件〈一致〉——カウンセリングの本質を考える1』共著（創元社, 2015年）など。

松本　剛（まつもと・つよし）
執筆担当【第5章・コラム12, 13】
1958年　大阪府生まれ。
1983年　大阪府立大学総合科学部卒業。
2003年　兵庫教育大学大学院連合博士課程（教育臨床連合講座）修了、博士（学校教育学）。
1983年　大阪学院大学高等学校教諭。
2000年　大阪学院大学大学国際学部講師を経て、助教授。
2006年　兵庫教育大学大学院学校教育研究科助教授・准教授を経て、教授。
著書に『大学生のひきこもり』（ナカニシヤ出版, 2007年）、『エンカウンター・グループと国際交流』共編著（ナカニシヤ出版, 2005年）、『パーソンセンタード・アプローチの挑戦』共著（創元社, 2011年）、『人間性心理学ハンドブック』分担執筆（創元社, 2012年）など。

岡村達也（おかむら・たつや）
執筆担当【コラム2, 3, 4, 5, 6, 10, 11】
1954年　新潟県生まれ。
1978年　東京大学文学部卒業後、教育学部卒業（1980年）。
1985年　東京大学大学院教育学研究科第一種博士課程（教育心理学専攻）退学。
1985年　東京都立大学学生相談室助手。
1990年　専修大学文学部専任講師を経て、助教授（1992年）。
1998年〜文教大学人間科学部助教授を経て、教授（2000年）。
著書に『カウンセリングの条件』（日本評論社, 2007年）、『カウンセリングを学ぶ（第2版）』共著（東京大学出版会, 2007年）、『カウンセリングのエチュード』共著（遠見書房, 2010年）、『人間性心理学ハンドブック』分担執筆（創元社, 2012年）など。

おがわさとし
イラスト担当
1962年　京都府生まれ。
1990年　京都大学教育学部（教育心理学科）卒業。
1997年　「水の下の千の夢」〔ビッグコミックスピリッツ増刊号〕でデビュー。
2001年〜京都精華大学マンガ学部マンガ学科ストーリーマンガコース、准教授（2012年）。
著書に『京都 虫の目あるき——みちくさスケッチ』〔とびら社, 2003年〕など。

◆編著者紹介

坂中正義（さかなか・まさよし）

執筆担当【序章・第1章・第2章・第4章・第6章・コラム1, 9】
1970年　山口県生まれ。
1993年　埼玉大学教育学部卒業。
1997年　九州大学大学院教育学研究科博士後期課程（教育心理学専攻）退学。
1997年　福岡教育大学教育学部助手、専任講師、助教授・准教授を経て、教授（2009年）。
2011年　博士（心理学）学位取得・九州大学。
2013年～南山大学人文学部教授。
著書に『ベーシック・エンカウンター・グループにおけるロジャーズの中核3条件の検討』（風間書房, 2012年）、『ロジャーズの中核三条件〈受容：無条件の積極的関心〉――カウンセリングの本質を考える2』共編著（創元社, 2015年）、『［全訂］ロジャーズ――クライアント中心療法の現在』共著（日本評論社, 2015年）、『人間性心理学ハンドブック』分担執筆（創元社, 2012年）など。

傾聴の心理学
PCAをまなぶ：
カウンセリング／フォーカシング／エンカウンター・グループ

2017年 9月10日　第1版第1刷発行
2024年 8月10日　第1版第9刷発行

編著者―――坂中正義
著　者―――田村隆一
　　　　　　松本　剛
　　　　　　岡村達也
発行者―――矢部敬一
発行所―――株式会社 創元社

〈本　社〉
〒541-0047　大阪市中央区淡路町4-3-6
TEL.06-6231-9010（代）　FAX.06-6233-3111（代）
〈東京支店〉
〒101-0051　東京都千代田区神田神保町1-2 田辺ビル
TEL.03-6811-0662
https://www.sogensha.co.jp/

印刷所―――株式会社 フジプラス

装丁・本文デザイン　長井究衡

©2017, Printed in Japan
ISBN978-4-422-11668-6 C3011
〈検印廃止〉

落丁・乱丁のときはお取り替えいたします。

JCOPY 〈出版者著作権管理機構 委託出版物〉

本書の無断複製は著作権法上での例外を除き禁じられています。複製される場合は、そのつど事前に、出版者著作権管理機構（電話 03-5244-5088, FAX 03-5244-5089、e-mail: info@jcopy.or.jp）の許諾を得てください。

"傾聴"ワールドの旅のあとに
"出会い"の三カ国をめぐる

対人援助のA to Z　必読ワン・テーマBOOKs

〈ロジャーズの中核三条件〉

一致
カウンセリングの本質を考える①

受容　無条件の積極的関心
カウンセリングの本質を考える②

共感的理解
カウンセリングの本質を考える③

A5判並製　138-146頁　本体2,200円＋税
創元社

本書の感想をお寄せください
投稿フォームはこちらから▶▶▶